中华成语典故

卷四

李楠 编译

宽猛相济

【成语释义】

指执政时要宽和严相辅而行。

【典故出处】

《左传》。

【成语故事】

郑国的公孙侨，字子产，是当时一个有名的革新派政治家。在郑国执政数十年，他通过打击贵族的顽固守旧势力，表彰『忠俭』，反对『太侈』，改革田制和兵赋制度，公布刑法条文，限制特权，整肃政纪，使小小的郑国国力大为增强，国威也颇有提高。

子产曾对子太叔说：『惟有德者能以宽服民，其次莫如猛。』意思是：有德者方能以宽大的政策使人民信服，若是没有那样的政治水平，当然就只会采取猛压了。又说：猛以压人是容易的，宽以服民却很难。子产死后，子太叔接替他治理国政。子太叔果然采取宽大政策，但是不懂得对什么人和什么情况该宽、宽到什么程度，以致奴隶主顽固势力重新抬头，激起人民不满，纷纷起而反抗。子太叔没有办法，只得发兵镇压，杀了许多人，才稍稍制止了反抗运动。

当时鲁国的孔子听到这个消息，发表评论道：『善哉，政宽则民慢，慢则纠之以猛；猛则民残，残则施之以宽。宽以济猛，猛以济宽，政是以和。』意思是：政策宽大，人民就要轻慢，纠正轻慢就要改用严厉政策；严厉政策免不了要杀人，杀了许多人以后，可以再施行宽大。这样宽猛相济的政策才是最适当的。

流离失所

【成语释义】形容到处流浪，无处安身。所：居所。

【典故出处】《汉书·薛广德传》。

【成语故事】汉元帝时，有个御史大夫叫薛广德。有一天，他陪同皇上出去打猎，经过好几日还没有停止。他为了让皇上赶快返宫，便写上了一封信，开头讲：『窃见关东困极，人民流离。』意思是：我看见关东一带人民生活十分贫困、痛苦，甚至许多人流落他乡。奉劝皇上与百姓同忧乐。远帝听了，即日返回。

流言蜚语

【成语释义】多指背后的议论，无中生有、挑拨诬陷之类的言语。

【典故出处】《史记·魏其武安侯列传》。

【成语故事】西汉景帝时，窦太后的侄子窦婴，由于平定吴楚七国之乱有功，被封为魏其侯。窦婴的威望高，又是皇亲国戚，因此人们都争先恐后地去投靠他。当时，有个叫田蚡（fén）的人，因为是景帝皇后王氏的同母之弟，也在朝中做了个官职不大的郎官。田蚡见窦婴权势大，就经常到窦府去送礼敬酒，竭力巴结窦婴。

可是，到了公元前141年至公元前135年，汉景帝和窦太后都相继去世了，窦婴失去了依靠，地位日渐下降。而景帝去世后，便由他的儿子武帝即位，身为国舅的田蚡，权势蒸蒸日上，很快就当上了丞相，人也一天天骄横起来。同时，与窦婴、灌夫等一些老臣不和。

公元前133年初，田蚡和燕王刘嘉的女儿结婚，王太后下令诸侯和宗室大臣前往庆贺。窦婴和灌夫也被迫前去祝贺。席间，一些趋炎附势之徒对田蚡巴结奉承，却轻视窦婴。灌夫对此十分恼怒，便借敬酒之机大骂了其中一位官员，田蚡便乘机把灌夫和他的家属逮捕起来，判成死罪。窦婴冒着生命危险给武帝刘彻写了一封信，说明灌夫这次纯属酒醉失礼，而田蚡则徇私把他定罪。为了弄明是非，武帝决定让窦婴当面与田蚡辩白。在宫廷上，田蚡坚持要治灌夫的罪；窦婴则竭力为灌夫开脱，并将田蚡的过失一一揭发。众大臣有的支持窦婴，有的偏袒田蚡，更多的人则模棱两可，不肯表明态度。但终因田蚡是太后的弟弟，刘彻屈服于母亲的压力，只得命令御史出面弹劾窦婴，说他说话不符合事实，犯了欺君之罪，反把窦婴关进监狱。到公元前132年10月，灌夫一门被灭族抄斩。窦婴听到这个消息，悲愤交加，便患了疯癫症，并打算绝食自杀。后来，又有人给他传递消息，说刘彻没有杀他的意思，他才开始进食。可『乃有蜚语，为恶言闻上』。意思是：就在这个时候，田蚡却在长安散布流言蜚语，说窦婴在监狱里咒骂皇帝，拒不服罪，诽谤朝廷，并且故意让刘彻知道。汉武帝听到后，一气之下便下令杀了窦婴。

根据这个故事，再加上《礼记·儒行》有云：『久不相见，闻流言不信。』便引出了『流言蜚语』。

流连忘返

【成语释义】

原指沉溺于游玩，忘记回归；现多用来比喻留恋某事，舍不得离去。流连：留恋不已；忘返：忘记返回。

【典故出处】

《孟子·梁惠王下》。

【成语故事】

公元前319年梁惠王死了，襄王嗣位，孟子同梁襄王一见面，印象就不好。孟轲见过襄王后曾对人说：『望之不似人君，就之而不见所畏焉。』意思是：远远看去，他不像个国君的样子；走近他，也看不到威严所在。据推测，孟子从那以后，便由魏国来到了齐国。这时，齐威王已去世，齐宣王即位两年左右。

孟子来到齐国后，有一次齐宣王在自己的别墅里接见了他。在这次接见中，孟子向宣王讲到了，作为一个国君应该以百姓的快乐为自己的快乐，以百姓的忧愁为自己的忧愁。这样，百姓也会把国君的快乐当作自己的快乐，把国君的忧愁当作自己的忧愁，能与天下之人同忧同乐，天下就必定归服于他。

在这次接见中，孟子还给宣王讲了春秋时齐景公与晏子的一个故事。他说：

过去齐景公问晏子说：『我想到转附（山名，疑即今芝罘山）、朝儛（山名，疑为今山东荣成东的召石山）两山上去游玩，然后沿着海岸向南行，一直到琅玡（今山东诸城东南）。我怎样才能做到和过去的圣贤之君的巡游相比拟呢？』

晏子回答说：『这个问题，问得好！天子来到各诸侯国叫作巡狩。巡狩就是巡视各诸侯所守的疆土的意思。诸侯去朝见天子叫作述职。述职就是报告他职责内的工作的意思，这没有不与工作相结合的。春天里去巡视耕种情况，对贫穷农户给予补助；秋天里去考察收获情况，对缺粮农户加以补助。这样的出游，百姓十分欢迎。但现在就不是这样了，国君一出巡，兴师动众，到处筹粮运米，劳民伤财，弄得百姓怨声载道。这样的出游违背天意，虐待百姓，大吃大喝，流连荒亡，使诸侯都为之而忧愁。』

怎样叫作流连荒亡呢？晏子解释说：『从流下而忘返谓之流，从流上而忘返谓之连，从兽无厌谓之荒，乐酒无厌谓之亡。先王无流连之乐，荒亡之行。惟君所行也。』

这段话的意思是：由上游向下游的游玩乐而忘归叫作流，由下游向上游的游玩乐而忘归叫作连，无休止地打猎叫作荒，不知节制地喝酒叫作亡。过去的圣贤之君没有这样流连荒亡的巡行。您到底选择哪一种巡行，您自己作决定吧！

齐景公听了，很高兴，决定不再搞那种只知自己快乐的流连荒亡式的巡行了。

根据这段故事，后来便引出了『流连忘返』。

爱莫能助

【成语释义】

比喻虽表同情，但无力相助。爱：同情、惋惜的意思；莫：不；助：帮助。

【典故出处】

《诗经·大雅·烝民》。

【成语故事】

据《诗序》载：『《烝民》，吉甫美宣王也。任贤使能，周室中兴焉。』《集传》也说：『宣王命樊侯仲山甫筑城于齐，由尹吉甫作诗以送之。』这就说明周宣王命令大臣仲山甫筑城于齐地，另一位大臣尹吉甫作《烝民》诗以送别。这首诗赞美了仲山甫的才德，实际上就是歌颂了周宣王的任贤使能。全诗共八章。第一章写仲山甫的降生；第二章写仲山甫的德行；三、四、五、六章写仲山甫的为人和才能；七、八章写仲山甫奉命往齐地筑城，以及尹吉甫为他作诗送别。诗的第六章是：

人亦有言，德輶如毛，民鲜克举之。我仪图之，维仲山甫举之，爱莫助之。袞职有阙，维仲山甫补之。

輶（yóu）：古代一种轻便车，这里引申为轻；我：即作者尹吉甫；袞（gǔn）：同『衮』，古代帝王穿的礼服；阙（quē）：通『缺』，缺损。

这章诗的大意是：有人曾说过这样的话：德行很轻好像一根毫毛，可是却少有人能够举起它。我自当考虑到，只有仲山甫能举起它，可惜我不能帮助他。龙袍有缺损，也只有仲山甫能补救它。

兼收并蓄

【成语释义】

指把各种不同的东西一齐收集、保存起来。收：收罗；蓄：收藏，保存。

【典故出处】

唐代韩愈《进学解》。

【成语故事】

韩愈在《进学解》中，借用诸生之口表白了自己的抱负和精深的学识之后，同时又用含蓄的反话讽刺了当时的执政者不识贤愚，不会用人。他写道：

「玉札、丹砂，赤箭、青芝，牛溲、马勃，败鼓之皮，俱收并蓄，待用无遗者，医师之良也。」

玉札、丹砂：地榆和朱砂；赤箭：天麻；青芝：龙兰；牛溲（sōu）：车前草；马勃：又名马屁菌；良：妙用。

这段话的意思是：不论是贵重药材地榆、朱砂、天麻、青芝，还是价贱的车前草、马屁菌，破鼓皮，全部收集起来，保存待用，这是医师的高明之处。

后来，「俱收并蓄」被引申为「兼收并蓄」。

兼听则明，偏听则暗

【成语释义】

比喻观察、处理问题，要认真听取各方面的意见，才能明辨是非；相反只听一方面的话，就会主观片面，弄不清事情的真相，做出错误的判断。

【典故出处】

《新唐书·魏征传》。

【成语故事】

唐太宗李世民在位时期，有一个得力的侍中（相当于宰相）叫魏徵。他敢直谏，并且许多意见都为李世民所采纳了。唐太宗贞观二年（628年），唐太宗对魏徵说：『当皇帝的怎样做才能明智，怎样做就会昏庸？』

魏徵听了，沉思片刻，又直言进谏说：『兼听则明，偏信则暗。昔尧清问下民，故有苗之恶得以上闻；舜明四目，达四聪，故共、鲧、驩兜不能蔽也。秦二世偏信赵高，以成望夷之祸；梁武帝偏信朱异，以取台城之辱；隋炀帝偏信虞世基，以致彭城阁之变。是故人君兼听广纳，则贵臣不得拥蔽，而下情得以上通也。』

有苗：苗族古称，也称三苗；明四目：眼亮能看到四方；达四聪：耳聪能听到四方；蔽：蒙蔽；拥蔽：遮掩。

这段话的意思是：能听取多方面的意见就能做到明智，单听信一方面的话，就会糊涂。从前，尧能详细地询问下情，所以上面能够及时地知道了解有苗作乱；虞舜能多方面了解情况，听取多方面的意见，所以人称的共工、鲧、驩兜等为害就不能蒙蔽他。秦二世胡亥偏信丞相赵高，结果在望夷宫被他杀害了；梁武帝萧衍偏信散骑常侍朱异，结果被叛将侯景攻进了台城（今南京市，当时梁的京城）；隋炀帝杨广偏信内史侍郎虞世基，结果在江都（今江苏扬州市）彭城阁被随从所杀。所以，做皇帝的能广泛听取和接受各方面的意见，那样大臣就无法蒙蔽，就能及时了解到下面的情况。

李世民听了，连连点头说：『对啊！对！』

冥顽不灵

【成语释义】

形容愚笨无知。冥顽：愚笨无知；灵：聪明。

【典故出处】

唐代韩愈《祭鳄鱼文》。

【成语故事】

韩愈在《祭鳄鱼文》中，历数了鳄鱼为害一方的罪行之后，便限令恶溪中的鳄鱼在三到七天之内，立即迁到南海。文中写道：

『七日不能，是终不肯徙也，是不有刺史而听从其言也。不然，则是鳄鱼冥顽不灵，刺史虽有言，不闻不知也。夫傲天子之命吏，不听其言，不徙以避之，与冥顽不灵为民物害者，皆可杀。』意思是：到了七天限期，还不肯迁到大海，就是终究不肯搬迁了，这就是眼里没有刺史，不听刺史的忠告了。那就是鳄鱼愚顽不通人性，刺史虽有言在先，却既不听也不懂得。如果敢于傲视天子的官吏，不听他的劝告，不肯搬迁，那对这些愚顽无知、残害人民生命财产的东西，都要捕而杀之。

鳄鱼，本是一种凶猛的爬行动物，长约七米，是鳄类中最大的一种，长着坚硬的皮和鳞。一般生活在热带海洋、河流和池沼中，在我国广东地区也偶有发现。它本来是不通人性的，但是这次却出现了奇迹。在韩愈投下祭品和祭文之后，在限令鳄鱼搬迁南海的期限内的一天夜里，一场罕见的狂风暴雨突然而至；同时也许发生了人们未曾察觉的水下地震，恶溪的水文和地理条件骤然起了变化，鳄鱼存身不住，都迁走了。

根据这个故事，后来『冥顽不灵』被引申为成语。

耿耿于怀

【成语释义】

形容有事牵萦于心，不能忘怀。耿耿：心中不能宁帖。

【典故出处】

《诗经·邶风·柏舟》。

【成语故事】

这是一首写妇女在家庭生活中的苦闷的幽愤诗篇。全诗共分五章：第一章自伤孤独，无心同游共饮；第二章自感有苦无处诉说；第三章表示自己绝不屈从；第四章写受小人侵侮；第五章痛感自己无力摆脱困境，语调极为沉痛。诗的第一章是：

泛彼柏舟，亦泛其流。耿耿不寐，如有隐忧。微我无酒，以敖以游。

泛：漂浮；隐忧：深深的烦恼；微：非，不是。

诗的大意是：就像是沉重的柏木船儿，在流水中漂浮。眼睁睁地睡不着啊，多少深忧在心头。不是我这儿没有酒，也不是不能去游玩，只是它都不能消除我的忧愁。

后来，从『耿耿不寐，如有隐忧』引申出『耿耿于怀』或『耿耿于心』。

桃李不言，下自成蹊

【成语释义】

说明只要为人真诚、忠实，就能感染和影响别人；也用来比喻做事讲实际，不尚虚声，就会赢得别人的敬慕。蹊：小路。

【典故出处】

《史记・李将军列传》。

【成语故事】

汉初名将李广不仅作战勇敢，为官也廉洁。他得了赏赐都分给部下，吃喝都与士兵在一起。他做了四十多年的官，家里却没有多余的财产，也始终绝口不谈个人家产的事。李广长得高大，口齿迟钝，很少说话，把比赛射箭当作唯一的游戏。在行军打仗时，遇到水和粮食缺乏的时候，士兵们不全喝上水，他不到水边去；不全吃上饭，他不尝一口饭。对待士兵非常宽和，因此士兵们都拥护李广，情愿听他调遣。

司马迁把李广的传记写完后，崇敬地称赞说：『余睹李将军，悛悛如鄙人，口不能道辞。及死之日，天下知与不知，皆为尽哀。彼其忠实心诚信于士大夫也。谚曰：「桃李不言，下自成蹊。」此言虽小，可以谕大也。』

悛（xún）悛：通『恂』，谦恭谨慎；鄙人：乡下人；口不能道辞：不善于讲话；谕：通『喻』。

这段话的意思是：我看李将军谦恭谨慎像个极普通的乡下人一样，口才不好，很少说话，可到他死的时候，无数认识与不认识他的人，都很悲痛。李广那一片真诚、忠实的心实在使士大夫崇敬。这就像俗话说的：『桃李不能言语，但它华实并茂，赢得了人们的爱慕，纷纷来观赏它，便在树下踩出了一条条小路。』这个谚语虽然是讲的桃树李树这样的小事，但可以用来说明大的道理。

高山流水

【成语释义】

比喻知己或知音，也比喻音乐优美。

【典故出处】

《列子·汤问》。

【成语故事】

春秋时的琴师俞伯牙精通音律，琴艺高超，名声很高。他年轻时就聪颖好学，曾拜高人为师，琴技达到较高水平，但他总觉得自己还不能出神入化地表现对各种事物的感受。这种想法被老师知道后，就带他乘船到东海的蓬莱岛上，让他欣赏大自然的景色，倾听大海的波涛声。伯牙举目眺望，只见波浪汹涌，浪花激溅；海鸟翻飞，鸣声入耳；山林树木，郁郁葱葱，如入仙境一般。一种奇妙的感觉油然而生，耳边仿佛响起了大自然那和谐动听的音乐。他情不自禁地取琴弹奏，音随意转，把大自然的美妙融进了琴声，伯牙体验到一种前所未有的境界。老师告诉他：『你已经学成了。』

这天夜里，伯牙乘船游览。面对清风明月，他思绪万千，于是又弹起琴来，琴声悠扬，渐入佳境。忽听岸上有人叫绝。伯牙闻声走出船来，只见一个樵夫站在岸边，他知道此人是知音当即请樵夫上船，兴致勃勃地为他演奏。伯牙弹起赞美高山的曲调，樵夫说道：『真好！雄伟而庄重，像高耸入云的泰山一样！』当他弹奏表现奔腾澎湃的波涛时，樵夫又说：『真好！宽广浩荡，就像看见滚滚的流水，无边的大海一般！』伯牙兴奋极了，激动地说：『知音！你真是我的知音。』这个樵夫就是钟子期，从此二人成了非常要好的朋友。

高阳酒徒

【成语释义】

指好饮酒而狂放不羁的人。

【典故出处】

《史记·郦生传补》。

【成语故事】

秦末汉初时，陈留高阳乡（今河南杞县）人郦食其家境贫穷，又没有职业，只好在乡里做了里监门（相当于地保）。当刘邦率军路过陈留的时候，郦食其碰见了一位老乡，他在刘邦手下当骑兵。他让这个人向刘邦推荐自己，说可以帮助刘邦成就大事业。这个小兵真的向刘邦推荐郦食其，刘邦就让郦食其到驿舍里见面。

这天，郦食其来了。门卫进去通报，刘邦问：『是个什么样的人？』门卫回答：『看他的举止打扮，像个儒生。』刘邦历来对读书人有一种偏见，曾经往读书人的帽子里尿过尿。这次听说郦食其是个儒生，便说：『我正忙着天下大事，没有时间见读书人。』门卫把刘邦的话传给了郦食其。郦食其十分生气，瞪着大眼按着宝剑说：『你再告诉刘邦，我是高阳酒徒，不是什么儒生。』

刘邦觉得郦食其非同一般，便召见了他。两人边喝酒边攀谈，谈得挺投机。后来，郦食其设计攻克了陈留，为刘邦的军队解决了粮草供应问题，被刘邦封为广野君。郦食其又将其弟郦商推荐给刘邦，被刘邦封为将军。楚汉战争中，郦食其游说齐王田广归汉，韩信乘机袭击了齐国。齐王以为郦食其出卖了自己，便把他烹死了。

根据这个传说，后人将『高阳酒徒』引申为成语。

捉襟见肘

【成语释义】

形容衣服破烂，生活穷困；现用来比喻顾此失彼，穷于应付。襟：衣服胸前的部分；肘：胳膊肘。

【典故出处】

《庄子·让王》。

【成语故事】

曾参，是春秋末期鲁国武城（今山东费县）人。他很注意德行修养，曾以『吾日三省吾身』来要求自己。平时又以行孝著称乡邻。

有一天，曾母正在窗下织布，突然，有位邻居闯了进来，慌慌张张告诉她，说曾参在外面杀人了。曾母头也没抬地回答说：『我的儿子是不会杀人的。』过了不大一会儿，又有一位邻人跑来说：『曾参杀了人！』曾母从容自若，仍然不信。又过了一阵，又跑来一个说：『曾参确实杀人了！』曾母有点惊慌了，跑去一查问，原来是当地一个同名同姓的曾参杀了人，这才平息了一场虚惊。

有一段时间，曾参的生活很贫困。他穿的是一件絮着麻团、破得连面子也不全了的袍子，『正冠而缨绝，捉衿而肘见，纳屦而踵决』。意思是：有时候往正一戴帽子，就会把帽子上的缨绳拉断；往起一提衣襟，就会露出胳膊肘；往上一拉鞋子，就会把鞋帮扯破，露出脚跟。即便生活这么苦，曾参也全不怕，照样乐观地面对生活，照样读书唱歌。所以，后来他便成为了一个很有影响的思想家。

恶贯满盈

【成语释义】

罪恶之多，犹如穿钱一般已穿满一根绳子。形容罪大恶极，到受惩罚的时候了。贯：穿钱的绳子；盈：满。

【典故出处】

《尚书·泰誓》。

【成语故事】

商朝末年，商纣王暴虐无道，激起老百姓极大的愤慨，就连诸侯们也看不过，认为他不像一个治国之君。

当时有一个诸侯叫姬昌，他主张实施仁政，反对纣王的暴政，纣王便把他抓了起来。后来他的儿子姬发即位，联合诸侯起兵讨伐商纣，大军渡过黄河，向商都进发，在牧野与纣王的军队交战，打了一场大仗。由于姬发所率的仁义之师，深受老百姓的欢迎，于是得到了百姓很大的支持，而老百姓对纣王的军队却是深恶痛绝的，结果纣王打了大败仗，最后自焚而死，商朝也灭亡了。

姬发领兵进攻纣王之前，曾对全军发表誓言，列举了商纣的种种罪行，商纣罪大恶极，并号召大家齐心协力，为民除害。

狼子野心

【成语释义】

比喻狼崽虽小，却有凶残的本性；也用来形容本性凶残的人，野心难制。狼子：狼崽子。

【典故出处】

《左传·宣公四年》。

【成语故事】

春秋时候，楚国司马子良，本是若敖氏的后代。有一年，他的妻子生了个儿子，名为越椒。这孩子长得有些像老虎，哭声又似豺狼。一天，子良在楚国做令尹的哥哥子文，看见越椒，就对子良说：『必杀之！是子也，熊虎之状而豺狼之声；弗杀，必灭若敖氏矣。谚曰：「狼子野心。」是乃狼也。其可畜乎？』意思是：你快把这孩子杀了吧。他的长相似熊虎，哭声如豺狼，长大之后必然是我们若敖氏的祸害。俗话说：

狼崽子虽幼，本性却凶恶。这是狼，怎么能养着他呢？

可是子良说啥也不肯将自己的儿子杀掉。对此，子文十分忧虑，在他临死的时候，还把族人叫来嘱咐说：『椒也知政，乃速行矣，无及于难。』意思是：将来一旦越椒掌了权，你们赶快逃走，免得遭难。

后来，越椒做了楚国的司马。在楚穆王执政时期，越椒百般讨好穆王，用谗言让穆王杀了令尹斗般，而自己当了令尹。穆王死后楚庄王即位，此时越椒已经做了二十年令尹，他根本不把庄王放在眼里，最终于发动叛乱，失败后造成全族绝灭，确实给若敖氏族带来了灾难。

这个故事无疑是有着浓厚的迷信色彩的，特别是子文的说法，没有科学根据，是不足取的。

狼狈为奸

【成语释义】

比喻相互勾结，合伙干坏事。狼狈：又作狼贝，疲惫、窘迫的样子。

【典故出处】

《酉阳杂俎》。

【成语故事】

狼与狈是同一类动物。狼的前面两只脚长，后面两只脚短；而狈则相反，前面两只脚短，后面的两只脚长。据传说，它们常常结合在一起出去寻找食物，偷吃人们的家畜。狈行走的时候，就把前腿架在狼身上，狼用它长的前脚，狈就用它长的后脚，互相配合地奔走。这样既跑得快，又立得高，它们就能很顺利地进入牲畜圈，叼走牲畜。

根据这些记载，后来人们便概括出了『狼狈为奸』。

病入膏肓

【成语释义】

比喻病情到了无法医治的程度；也用来比喻事情发展到无法挽救的地步。膏：（gāo）；肓（huāng）：我国古代医学把心尖脂肪叫膏，心脏和隔膜之间叫肓。

【典故出处】

《左传·成公十年》。

【成语故事】

公元前581年，晋景公冤杀了大夫赵同和赵括以后，心里一直很不安。俗话说，日有所思，夜有所梦。一天夜里，景公在朦胧中，看见一个披头散发的大头鬼，朝他走来了，指着他叫嚷着：『你无辜地杀了我的子孙，我要报仇！』景公吓得急忙藏进卧室，大头鬼跟着破户而入。景公大叫一声，醒了。

从那以后，他就得了重病，全国的名医都看过了，还是不见效。他派人到秦国去请医生。秦桓公派了一名医术很高明的叫缓的医生，专程到晋国去给景公医病。

医生还没有到，景公又做了一个非常奇怪的梦。他在昏昏沉沉中，梦见两个一寸长的小人从他的鼻孔里钻出来，站在他的枕头边谈话。一个说：『那个医生的医术很高明，他会伤害我们的，你看我们躲在哪儿最好？」另一个说：『居肓之上，膏之下，若我何！』这话是说：我们躲到横膜上面，心脏下面，他就没法治咱们了。

正在这时候，忽听有人高喊：『秦国的医生到了！』

晋景公睁开眼睛，果然医生来了。那位医生看了景公的脸色，又细心地摸了脉，摇摇头说：『这病无法治啦！因为病在横膈膜的上面，心脏下面，用灸法攻治不行，用针法治疗达不到，汤药也不行，无法救治了。』

景公听了，想起刚才做过的梦，点点头赞许地说：『你真是一位高明的医生啊！』于是就送了一份厚礼给医生，让他回国去了。

没有过几天，晋景公想吃新收的麦子。手下的人给他烹调好后，还没吃，只觉得肚子胀，便走到厕所去，终于跌在那里死了。

后来，人们便把这个故事，概括成『病入膏肓』。

旁若无人

【成语释义】

比喻高傲自恃的神情。旁：身边；若：好似。

【典故出处】

西晋左思《咏史·荆轲饮燕市》。

【成语故事】

左思，字太冲，晋初临淄（今山东临淄）人。西晋时候，高门贵族享有种种特权，几乎垄断了仕途道路，许多有才有德的志士，只是由于门阀较低，找不到为国家出力的门路。左思对当权者只重门阀不重才德、压制人才的现实，深为不满，以史喻今提出异议。这首《咏史》诗共十二句，开头四句是：

荆轲饮燕市，酒酣气益震。

哀歌和渐离，谓若旁无人。

荆轲：战国时期著名的侠士；燕市：燕国京城的街市上；震：振作，兴奋；和：伴奏。

这四句诗大意是：战国时期著名的侠士荆轲和高渐离，在燕国的京城的街市上喝醉了，高渐离击着乐器，荆轲伴和着唱歌，一会儿悲泣，一会儿欢笑，好像旁边没有其他人一样。

后来，人们从『谓若旁无人』引申出『旁若无人』。

旁敲侧击

【成语释义】

比喻说话、写文章故意绕弯子，不直接从正面说出自己的意见，而用反语或隐语曲折地表达出来。

侧：旁边；击：敲打。

【典故出处】

《史记·滑稽列传》。

【成语故事】

战国时代，齐国有一个叫淳于髡（kūn）的大夫，素以博学著称。他身长不满七尺，滑稽善辩，常常以讲笑话、反语和隐语对齐王进行讽谏。

公元前349年，楚宣王发兵大举进攻齐国。齐威王便派淳于髡出使赵国请求援兵，并请他带去黄金一百斤，车马十辆作为出兵的交换条件。淳于髡听了，没有讲话，只是一股脑儿地仰头大笑，以至把系冠用的带子全都崩断了。齐威王莫名其妙地问道：『你这是怎么啦？嫌带去的东西少吗？』

淳于髡忍住了笑，一本正经地说：『不敢嫌少！』威王又追问：『那你笑什么呢？』

淳于髡没有正面回答威王的问题，只是说：『大王啊，我笑的是今天上朝的时候，我走过田野，看见一个农夫跪在道旁祈祷田神，他举着一只小猪脚，端着一杯水酒，祈福说：「田神啊，求你保佑我，五谷丰收，猪牛满圈，金银满库，儿孙满堂！」我见他手里拿的东西这么少，心里想得到的东西又是那么的多，所以觉得太好笑了。』

齐威王一听，完全明白了淳于髡发笑的意思，也觉得有些惭愧，便又增加了黄金千镒，白璧十双，车马百辆。淳于髡带着这些东西来到赵国。赵肃侯立即发精兵十万，战车千辆，前往声援齐国。楚国听说后，连夜将军队撤回。

唇亡齿寒

【成语释义】

比喻两个方面的利害关系十分密切；一般多用来说明国家之间的关系。唇：嘴唇；亡：没有了；寒：寒冷。

【典故出处】

《左传·僖公五年》。

【成语故事】

在今河南省三门峡和山西省平陆一带，春秋时候那里曾有两个弱小的诸侯国虞国和虢（guó）国。这两个国家，既是姬姓小国，又靠近晋国。野心勃勃的晋献公，想攻打虢国，怕虞国帮助虢国，不能取胜；如果改攻虞国，又怕虢国帮助虞国，同样不能取胜。后来终于想出了个办法，公元前655年派荀息送给虞国君王虞公一乘（四匹）千里马和一对最名贵的璧玉，请求借用一条路去攻打虢国。虞公手玩弄着璧，眼瞅着宝马，不住地点头，就满口答应了。

虞国大夫宫之奇看出晋献公想兼并小国，害怕虞、虢两国联合起来，就急忙赶去劝阻虞公说：『这可答应不得啊！虞、虢两国紧紧挨在一起，虢国是虞国的屏障。要是虢国不保，明天就会有祸事落在虞国头上的。虞国和虢国的关系就像脸上的皮肉和牙床骨一样相互依存。俗话说「唇亡齿寒」，嘴唇没了，牙齿就会觉得寒冷的。』

虞公不以为然，他说：『晋国和虞原先是同姓，同一个祖宗，难道人家还会害虞国吗？』宫之奇笑着说：

『要说同宗关系，虢国和晋国更近，那么晋国现在为啥要去打它呢？』

虞公贪受贿赂，拒不听规劝，坚持答应晋国借路的要求。宫之奇无可奈何，眼看灾祸临头，就带着家人离开了虞国。他又悲痛又气愤地说：

『虞国过不了腊祭，这一次就要被灭亡了；晋国也不用另外发动一次灭虞的战争了。』

果然，这年冬天，十二月初一，晋国灭掉虢国。晋国军队在归国途中，又乘机对虞国发动突然袭击，灭亡了虞国，捉住虞公，返回晋国。

倾盆大雨

【成语释义】

形容雨势很猛。倾：倾倒。

【典故出处】

唐代杜甫《白帝》诗。

【成语故事】

我国的第一大河——长江，在流经陡峻的巫山山脉，奔驰于悬崖绝壁之中，便形成了举世闻名、风景奇丽的三峡。三峡西起于今重庆奉节县的白帝城，东止于湖北宜昌的南津关。白帝城在白帝山上，地势高峻，从山下仰望，仿佛耸入云中，所以李白就曾有过『朝辞白帝彩云间』之说。白帝城始建于西汉末年王莽统治时期，公孙述据蜀称『白帝』，并建此城，故称白帝城。三国时，蜀主刘备兵败东吴，也曾在此向诸葛丞相托付后事。

曾经有多少诗人就白帝城的奇峰壮景，及其种种神奇的传闻，加以吟咏、感慨啊！在唐代宗大历元年（公元766年），杜甫由云安（今四川云阳）去夔州（今四川奉节），曾两次登城写下了两首七律诗，其中一首就是《白帝》，全诗共八句：

白帝城中云出门，白帝城下雨翻盆。

高江急峡雷霆斗，古木苍藤日月昏。

戎马不如归马逸，千家今有百家存。

哀哀寡妇诛求尽，恸哭秋原何处村？

翻盆：倾盆；霆：疾雷；戎马：战马；归马：用于耕作的马；诛求：肆意搜刮。

作这首诗时，安史之乱初定，但是由于蜀中军阀混战，加上统治者肆意搜刮，人民群众仍在死亡线上挣扎。对于这些，杜甫深为不满。因而诗的前四句表面是写乌云满天、大雨倾盆、天地昏暗的景色，实际是隐喻战乱不已、朝政昏暗；后四句则直抒情怀，抨击战乱和统治者诛求无尽，弄得民生凋敝的惨景。

这首诗的大意是：乌云好似从白帝城的城门里涌出，白帝城下大雨倾盆；江水猛涨，奔流着冲入峡中，发出雷霆般的响声。天空乌云密布，山林昏暗，日月无光。那作战的马哪有耕田的马那样安逸？经过战乱后，千户人家能剩下一百户也就不容易了。连那些终日哀伤的寡妇也被搜刮得一无所有，在这秋收季节的郊野，村村都是一片悲惨的哭泣声。

后来，人们把『白帝城下雨翻盆』简化引申为『倾盆大雨』。

俯首帖耳

【成语释义】

形容卑躬屈膝、驯服听命的丑态。

【典故出处】

唐代韩愈《应科目时与人书》。应科目：即参加科举考试。

【成语故事】

这是韩愈在公元793年（唐德宗贞元九年）参加博学宏词科考试时写给韦舍人的一封信。韩愈写这封信是为了让对方了解自己是有才能的人，只是由于得不到推荐而处境窘困，希望能得到帮助和提携。但韩愈不明说，只是在信中写了一个居于传说中的天池岸旁、长江水边的『怪物』，它要是得到水，就能兴风作浪，上天下地都很容易；要是没有水，就只得窘困于干涸的泥沙中。这种『怪物』，自己没有办法得到水，要靠别人以举手、抬脚之劳来帮助它。但是由于它自恃与众不同，『且曰：「烂死于沙泥，吾宁乐之。若俯首帖耳，摇尾而乞怜者，非我之志也」。』意思是：它声称，我即使烂死在泥沙中，也乐意。但要我像狗见了主人那样低着头耷拉着耳朵，摇着尾巴去乞求，我做不到。

顿开茅塞

【成语释义】

比喻思想忽然开窍，立刻明白或领会了某个道理。顿：立刻；开：开通；茅塞：比喻思路不通，好像被茅草堵塞一样。

【典故出处】

《孟子·尽心下》。

【成语故事】

战国中期，有个叫高子的人，他先在孟轲门下从学，后又半途而废离开孟子，改学别的技艺。孟子对高子在学习上不能做到意志专一的表现，就曾批评说：『山径之蹊间，介然用之而成路；为间不用，则茅塞之矣。今茅塞子之心矣。』

径：同『陉』，指荒山坡；蹊（xī）：小路；为间：有间断，有些时候。

这段话的意思是：荒山坡上的小路只有一点点宽，如果经常去走它，那就会变成一条宽大的路，只要隔一些时候不去走它，又会被茅草堵塞了。现在你的心也被茅草堵塞了。

根据孟子这段话，后来人们便引出了『顿开茅塞』或『茅塞顿开』。

倒行逆施

【成语释义】

原指做事违反常理；现多用来比喻胡作非为，干坏事，甚至干反动的勾当。行：行事，走路；逆：反，倒；施：做事。

【典故出处】

《史记·伍子胥列传》。

【成语故事】

春秋时候，楚国人伍员（字子胥）全家无辜惨遭楚平王的迫害，父亲伍奢和哥哥伍尚都被杀了。伍员被迫逃离楚国的时候，他去看望好友申包胥，悲愤地表示：『日后自己一定要想法灭掉楚国，为父兄报仇雪恨。』申包胥既同情他的遭遇，又劝他不要这样做，伍员不听。申包胥就发誓说：『伍员啊，你能叫楚国灭亡，我就一定能叫楚国复兴。』

伍员告别了申包胥，颠沛流离，历尽千辛万苦，终于逃到南方的吴国。为了能把吴国的兵力借来替自己报仇，他帮助吴王阖闾夺得了王位。公元前506年，伍员又说服吴王亲率大军攻打楚国，一直攻占了楚国的京城郢都。这时，楚平王已经死了，他的儿子楚昭王，抵挡不住吴国的进攻，带人逃到随国去了。

楚平王已死，伍员本想抓住楚昭王，以报杀兄杀父的大仇。可是昭王也跑了，他再也忍耐不住憋在心里燃烧了十八年的怒火。就叫楚国人带路，把楚平王的坟墓掘开，打开棺材，伍员见楚平王那具用药水浸过的躯体，还很完整，就怒气冲天，抡起钢鞭，朝着尸体一口气抽打了三百下，他一边抽，一边喊叫：『你这个昏王，残害了我的父兄，今天是该我报仇的时候了！』

楚国被吴国打败，逃到山里的申包胥知道这件事后，就让人给伍员捎去一封信，斥责伍员这样做太过分了，简直有些不顾天道人理。伍员看过信，不满地对来人说：『吾日暮途远，吾故倒行而逆施之。』意思是：请你转告申包胥，就说我伍员现在的处境就像是赶路的人一样，天快黑了，而前面的路程还很远，就只能不顾一切地去干了。

申包胥一气之下，连夜起程跑到秦国去借兵救楚。开始，秦哀公推辞说：『让他去住处休息，出兵的事，以后研究研究再说。』申包胥一听，就靠着秦国宫殿的墙壁号哭起来。他的哭声日夜不断。就这样连续哭了七天，连一口水也没喝，秦哀公被感动了，才派出了援楚大军，击退了吴国军队。

倒屣相迎

【成语释义】

古人居家脱鞋席地而坐，急于迎客，将鞋穿倒。形容热情欢迎宾客。屣（xǐ）：鞋。

【典故出处】

《三国志·魏书·王粲传》。

【成语故事】

东汉末的蔡邕，曾官任左中郎将，为人十分好客，家里常常是高朋满座，真乃『座上客常满，杯中酒不空』。但他在众人之中最佩服诗人王粲的才能。

一次，蔡邕因工作劳累，十分困乏，正躺在床上休息。忽然家丁报告王粲来访，他便立即起身出迎。因为他太高兴，竟顾不上穿好鞋子，而倒拖着鞋子，跑了出去迎接。

蔡邕又发帖设宴，请王粲为上宾。其他客人也惊异地看到蔡邕对王粲十分敬重热情。宴罢，蔡邕又亲自送王粲至府门外，回过头来对其他客人说：『王粲此人，才能非凡，我赶不上他啊！』

倒持泰阿

【成语释义】

把剑柄交给别人，剑尖对准自己。暗指轻易将权力交于人，反而害了自己。泰阿：宝剑的名称。

【典故出处】

汉代梅福《上书言王凤专擅》。

【成语故事】

关于泰阿这把宝剑，曾有种种传说。例如《越绝书·外传》的记宝剑那一段里这样说：

春秋时，楚王特派风胡子去找越国的欧冶子和吴国的干将，请他们铸造几把宝剑。欧冶于是当时最著名的铸剑技师，他曾为越王铸过五把出色的宝剑，名叫『湛卢』『巨阙』『胜邪』『鱼肠』和『纯钩』。干将和他的妻子莫邪，也是当时著名的铸剑技师。他们接受了楚王的委托，便在茨山（在今安徽泾县北）开矿取铁，经过认真的冶炼、锻造，铸成了三把锋利无比的宝剑，其中一把就叫『泰阿』，或作『太阿』；其余两把，一名『龙渊』或『龙泉』，一名『工布』或『工市』。

因为『泰阿』又作『太阿』，所以『倒持泰阿』也可作『倒持太阿』，或作『泰阿倒持』『太阿倒持』。

袖手旁观

【成语释义】

现多用来比喻置身事外，对某些事情不加过问，或不协助、不参与。袖：动词，藏在袖子里；

旁观：置身局外，从旁观察。

【典故出处】

唐代韩愈《祭柳子厚文》。

【成语故事】

柳子厚，即柳宗元，是唐代著名的文学家，河东（今山西永济）人，二十一岁中进士，二十六岁考取博学宏词科，官至礼部员外郎。

柳宗元生活在唐王朝逐步走向衰败的时期。他在任礼部员外郎时，也就是在公元805年，他与王叔文、刘禹锡等倡导革新时政，推行以『内抑宦官、外制藩镇』为宗旨的一系列的革新措施。但是他们的革新进行了不到五个月，就在宦官、藩镇和豪族地主的联合反扑下，以失败而告终。柳宗元被贬为永州员外司马，十年后再调为柳州刺史，直至病死。

柳宗元死后，朋友大文学家韩愈写了一篇《祭柳子厚文》，对柳宗元一生的不幸遭遇寄予深切的理解和同情，对柳宗元这么有才华的人不能被很好地用于当今之世，只好默默无闻的死去，深为不平，便在祭文里含蓄而讥讽地写道：『不善为斫（zhuó），血指汗颜；巧匠旁观，缩手袖间。』意思是：不善于做木工活的人，做起活来汗流满面，而且不小心弄得指破血流。但是木工技巧很熟悉的人，却偏偏只能悠闲地笼着双手，站在一旁观看。

后来，人们便把『巧匠旁观，缩手袖间』简化为『袖手旁观』。

难兄难弟

【成语释义】

原意是赞美德才兼备，后指两个人同样坏，或指两人处于同样的困境，含贬义。

【典故出处】

《世说新语·德行》。

【成语故事】

东汉的陈寔（shí）有两个儿子，一个叫陈纪，字元方；另一个叫陈谌，字季方。

元方后来被任命为侍中，朝廷又想让他当司徒官，但是他不干，就又封他为尚书令。因为陈寔、元方、季方的声望极高，当时豫州的城墙上，都画着他们父子三人的图像，以让百姓学他们的品德。

元方有个儿子叫长文，季方有个儿子叫孝先。有一天，他们为自己父亲的功德争论起来，都说自己的父亲功德高，争来争去没有结果，便一同来请祖父陈寔裁决。陈寔想了一会儿，对两个孙子说：『元方难为兄，季方难为弟。他俩的功德都很高，难以分出上下啊！』两个孙子满意而去。

起死回生

【成语释义】

多用来比喻医术高明，能将快要死亡的病人救活。

【典故出处】

《史记·扁鹊仓公列传》。

【成语故事】

名医扁鹊，在医疗实践中，不迷信巫术，不畏天命，讲求科学，不断同迷信思想做斗争。

有一次，扁鹊路过虢（guó）国（在今山西平陆），听说虢太子突然生急病死去了，大家正在悲哀。扁鹊便去问明死者的病情和死时的情况，觉得这位太子死得可疑，就提出要再给他诊视一下。经查看，扁鹊断定虢太子不是真死，于是就对旁边的人说：『我有办法让太子复活。』有人立即报告了国君。虢国国君听说后，就亲自出来迎接扁鹊，求教医治方法，扁鹊说：『太子并没有真的死去，还有救活的希望，这是一种昏迷症，叫作尸蹶（jué）症。』接着，扁鹊就用针灸的方法，先让太子苏醒过来；然后，再让太子按照自己的药方，服了几剂汤药。经过二十多天的调养，虢太子完全恢复了健康。

扁鹊把死人救活的消息很快就传出去了，人们争相称赞扁鹊的医术，并添枝加叶地说他能让死人复活。扁鹊既谦虚又郑重地说：『越人非能生死人也，此自当生者，越人能使之生耳！』意思是：我并不能把真正死了的人医活，只是因为病人本来就没有死去，所以我才有办法让他活过来。

破镜重圆

【成语释义】

比喻夫妻失散或离婚之后，又重新团聚。

【典故出处】

唐人孟棨《本事诗·情感》。

【成语故事】

隋文帝杨坚兵伐南朝陈国的时候，陈朝后主的妹妹和她的丈夫徐德言，眼见大势已去，预料到陈亡后夫妻将会被迫分离。徐德言便把一面铜镜敲破各执其半，作为日后互相寻找的凭证，并与妻子约定说：『万一将来真有那么一天，你一定要在翌年正月十五那天，到京都的街市上去卖那半面镜子，我如果在世，这一天就去大街寻访。』

陈朝灭亡后，夫妻果然失散了，杳无音信。陈氏为隋越国公杨素所得，深得杨素的宠爱。德言流离辛苦，总算也到了隋朝的首都长安。他按前约去大街寻访，果见有一个奴仆装束的人，拿着半面破镜求售，又跟自己的另半面恰好相合。于是徐德言就在破镜上题诗一首：『镜与人俱去，镜归人不归。无复嫦娥影，空留明月辉。』诗的大意是：镜子本来是跟人一起离去的，镜子回来人却不见归来。再看不见嫦娥的身影了，只留下镜子那明月似的光辉。

陈氏见到徐德言的诗后，十分悲痛，哭得连饭也不吃了。她不贪恋荣华富贵，忠贞的德行深为杨素所感动，就决定让他们夫妻重新团聚。于是就命家人找来徐德言，把他的妻子又交还给他。临走时，又设宴为他们送行。

席间，陈氏百感交集，即席作诗一首，吟诵道：『今日何迁次，新官对旧官；笑啼俱不敢，方验做人难。』诗的意思是：今天竟然又要迁居了，新的官人对着往日的夫婿，嬉笑吧，悲哀吧，我都不是啊，这才是：

做人真难呀！

而后，陈氏随徐德言回到了江南，夫妻团聚，偕老百年。

破釜沉舟

【成语释义】

比喻下定决心，不惜牺牲一切以求胜利。釜（fǔ）：古代的炊事用具，相当于现在的锅；舟：船。

【典故出处】

《史记·项羽本纪》。

【成语故事】

公元前208年，秦朝大将章邯在定陶（古县名，治所在今山东定陶县西北），大败楚军，项梁战死。秦军乘胜渡过黄河攻打赵国，赵国大败。当时的赵国，是原战国时赵国的后代赵歇为王，他带领军队退守巨鹿（古县名，治所在今河北平乡西南），并派出使者到楚怀王那里去讨救兵。

于是项羽向怀王请求说：『秦王朝的人杀了我叔父，我这个不共戴天之仇，非报不可！大王请派我去吧！』楚怀王便派宋义为上将，项羽为副将，带领二十万大军前往巨鹿去援救赵国。

但是作为主将的宋义，由于惧怕秦军，当大军行至安阳（今河南安阳以北）时，就驻扎在那里停留不前。一停下来就是四十多天，急得项羽跑去向宋义请求说：『救人如救火，咱们还是打过去吧。』宋义却推说是先要让秦军攻打赵军，消耗了实力，然后才能进兵，并轻蔑地对项羽说：『穿着铠甲、拿上武器同敌人交锋，我比不上你；坐在帐篷里出个计策，那你可比不上我了。』同时，宋义还针对项羽下了一道命令说：『全军上下所有的将士，尽管打仗时像老虎那样猛，像豺狼那样狠，如果不服从命令，都得以死罪论处。』

从那以后，宋义整天在帐篷里喝酒玩乐，把救赵的事置于脑后。项羽在忍无可忍的情况下，拔剑杀了宋义，立即派遣将军黥布和另一个姓蒲的将军带领两万人马，渡过漳水去救援巨鹿。接着，自己又率领所有军队渡过河去，他吩咐士兵『皆沉船，破釜甑（zèng），烧庐舍，持三日粮』。意思是：楚军刚过了河，项羽就要士兵们，各人带上三天干粮，砸破军队里做饭的锅，沉掉战船，烧光宿营的房子。他对将士们说：『国家兴亡，在此一举。这次咱们打仗，只准进，不准退，不打胜仗绝不生还。』以此来激励士兵，拼死作战。

于是楚军以锐不可当之势与秦军大战于巨鹿城下。经过九次激烈的战斗，切断了秦军的粮道，终于打垮了秦军，杀死了秦将苏角，生俘王离。秦将涉间不肯投降，自焚身亡。这便是历史上有名的『巨鹿之战』。从此项羽声威大震，成了各路反秦诸侯的一位首领。

根据这个故事，后来人们便把『皆沉船，破釜甑』简化成『破釜沉舟』。

悔过自新

【成语释义】

比喻改正错误，重新做人。悔过：悔改罪过；自新：自己改正错误，重新做人。

【典故出处】

《史记·扁鹊仓公列传》。

【成语故事】

西汉时候，齐国临淄有个叫淳（chún）于意的人，喜欢医学，曾拜同乡人阳庆为老师，得到了古代医学家传下来的治病的方法。当时许多医生看不好的病，他一治就好，很快就出了名。后来，由于给一个大商人的姨太太治病，没治好，就被诬陷为庸医杀人。公元前167年（汉文帝十三年），被当地的官吏判处肉刑（包括在犯人脸上刺字、割鼻、断足）。因为淳于意曾经在齐国大仓做过几天县令，按规定就得把他解到长安去受刑罚。淳于意没有儿子，只生了五个女儿。临走的时候，因为没有儿子为他申冤，他感到很气恼，叹着气，说：『生女不生男，有了急难，谁也不顶用。』

几个女儿听了既伤心又气愤，急得直哭。年纪最小的女儿缇（tí）萦（yíng）忍住悲痛，立志随父到长安，营救父亲。

缇萦到长安后，请求上殿去见汉文帝，看守宫门的人不让她进去。她就给汉文帝写了一封信。那信上写：『妾父为吏，齐中称其廉平，今坐法当刑。妾切痛死者不可复生，而刑者不可复续，虽欲改过自新，其道莫由，终不可得。妾愿入身为宫婢，以赎父刑罪，使得改行自新也。』

这封信的大意是：我父亲淳于意做官的时候，齐地的老百姓都说他是个清官。这会儿犯了罪，s 受到肉刑的处分。我不但替父亲悲痛，也为所有受肉刑的人悲痛。因为，一个人死了不能再活过来；受过了肉刑，再也不能长上去了。虽然想悔过自新，也不可能了。我情愿给官府做奴婢，来替父亲赎罪，好让他有改过自新的机会。

汉文帝看过这封信，很受感动，不仅同意免了淳于意的罪，而且觉得过去的这种肉刑实在太不好了，于是便下了一道诏书，正式把肉刑废除了。

根据这个故事，后来人们便把『虽欲改过自新』简化引申为『悔过自新』。

离群索居

【成语释义】

比喻离开集体，一个人孤独地生活。群：同门朋友；索：散，独。

【典故出处】

《礼记·檀弓上》。

【成语故事】

春秋末期，孔子有个弟子卜商，又称子夏。有一年，他的儿子死了，伤心得整日啼哭，把眼睛哭得都看不见东西了。一天，曾参去看望他，子夏又伤心地号哭着说：『天呀，我又没有什么过错，为什么要给我这么严厉的惩罚呢？』曾参听了，便给他讲了一通道理，要他严格检查自己，他说：『你怎么能说没有错误呢？过去你的父亲死了，你没有哭过一声；现在你的儿子死了，却哭瞎了眼。前后一对比，情况完全不同，这难道还看不出你的错误吗？』子夏听了曾参的话，如梦初醒，感激地说：『吾离群而索居，亦已久矣！』意思是：我确实是错了。这都是由于我离开朋友，独自关在家里生活，时间已经很久了，听不到朋友们的劝导，不能及时看到自己的错误所造成的。

根据这个故事，后来人们便把『吾离群而索居』简化为『离群索居』。

胸有成竹

【成语释义】

比喻在做事之前，心里已经有了全面的考虑，或已有成功的把握。成：现成。

【典故出处】

宋代苏轼《文与可画筼筜谷偃竹记》。

【成语故事】

北宋时候，有一个读书人姓文名同，字与可。他能诗善文，通晓篆、隶、行、草等各体书法，又擅绘画。文同平生很喜爱竹子，在自己的住宅前后，亲手栽了很多的竹子，一年四季，刮风下雨，常去竹林，观察竹子的长势，琢磨竹枝、竹叶在各种情况下的形态变化。每有所得，便回到书房，铺纸磨墨，信手作画。他画的竹子，形态逼真，非常传神。苏轼称他的作画方法是『画竹必先得成竹于胸中』。文同的一位好朋友、诗人晁补之也曾经写了一首赞扬他的诗，其中有这样两句：『与可画竹时，胸中有成竹。』后来人们就把它简化成『胸有成竹』。

党同伐异

【成语释义】

指把和自己意见相同的人看作是一派别，加以袒护；而把和自己意见不同的人，视为异己，加以指责、攻击。党同：跟自己意见相同的人，结成一伙；伐异：打击、排斥和自己意见不同的人。

【典故出处】

《后汉书·党锢传序》。

【成语故事】

自楚汉相争，刘邦战败项羽创建汉王朝以后，经过几十年的休养生息，社会经济文化都有了发展。到汉武帝时，为了进一步巩固地主阶级的统治，他采纳了儒生董仲舒『罢黜百家，独尊儒术』的建议，明文规定只有通晓儒家学说的人才能做官。从此儒家思想就成为维护封建统治的正统思想。到汉宣帝刘询当了皇帝以后，他亲自选五经名儒肖望之教皇太子读书，儒家学说更盛行，举国上下都在研究《五经》（即《诗》《书》《礼》《易》《春秋》）。但由于当时儒生们对《五经》做出了不同的解释，因此汉宣帝决定在皇家的藏书楼『石渠阁』召开一次会议，讨论《五经》。在讨论过程中，儒生们把和自己意见相同的人看成是自己一党；而对意见不同的人，不问是非曲直，一律进行攻击。《后汉书》的作者范晔等，把这种情况称之为『党同伐异』。后来，人们便把偏袒同党、攻击异己的行为，叫作『党同伐异』。

顽石点头

【成语释义】

比喻只要言之成理，金石都会受感化。也常用来形容讲解得生动感人。

【典故出处】

清代翟灏《通俗编·地理·顽石点头》。

【成语故事】

晋朝有一个学识很高的和尚，叫生公。生公在江西庐山住过七年，专心研究佛经；后来也去过长安等地，有不少著作，但他的同道多不同意他的理论。当时《涅槃经》刚传入中国，他译过一部分，也没人赏识。他很不满意，最后在虎丘山度过了他孤寂的晚年。就在虎丘山，留下他的遗迹『生公石』，并且留下了一段传说：

生公生前，因没有人听他的理论，便在虎丘山下，搬了许多石头排列起来，当作听众，他就对着石头讲经说法，阐述自己的意见。据说他讲得非常生动，坚持不懈，讲到后来，当他讲到得意的地方，便发问道：『你们说对不对？我的解释是否符合佛经原意？』那些石头竟然感动得个个点头。

这就是『顽石点头』的来历。

十二画

徙木立信

【成语释义】

以运走木头来树立诚信。比喻说到做到。徙：搬运。

【典故出处】

《史记·商君列传》。

【成语故事】

商鞅变法的法令已经拟定好了，但尚未公布，怕百姓不相信，就在都城的南门街，竖了一根三丈长的木头，招募老百姓有谁能把它搬到北门去就赏十两银子。老百姓感到奇怪，都不敢搬。后来又说：『谁能搬给五十两银子。』

有一个人来搬了，商鞅真给了他五十两银子，以表明说话算数。最后终于颁布了变法的法令。

雪泥鸿爪

【成语释义】

比喻往事留下的印记；有时也把朋友间的题诗赠文留作纪念，以此比之。

【典故出处】

北宋苏轼《和子由渑池怀旧》诗。

【成语故事】

苏轼虽然才气过人，可在政治上一生都很不得意。他与弟弟苏辙，字子由（北宋著名的散文家），常有诗书往寄，少不了怀古叙旧，抒情言志。那是在苏氏弟兄年轻的时候，有一年他们曾结伴同行去京都参加科举考试，行至渑池（今河南省内）西边的二陵山（今河南崤山），苏轼的马死了，没有办法，只好找来一匹瘦小的毛驴骑着往前赶路，并曾就宿在佛寺里，受到寺里的老和尚奉闲殷勤的招待，苏轼兄弟还在寺壁上题过诗。后来，苏辙写了一首《怀渑池寄子瞻（苏轼字）兄》诗，苏轼于宋仁宗嘉祐六年（1061年）冬写了这首和诗。全诗共八句：

人生到处知何似？应似飞鸿踏雪泥：

泥上偶然留指爪，鸿飞那复计东西！

老僧已死成新塔，坏壁无由见旧题。

往日崎岖还记否？路长人困蹇驴嘶。

鸿：鸿雁；蹇（jiǎn）：跛，这里指瘦弱。

诗的大意是：一个人所经历过的事情和地方，应该用什么来比喻呢？我看这倒好似天上飞过的鸿雁踩在积雪的地上。这处雪地因一个偶然的机会留下了鸿雁的爪印，但鸿雁还将继续飞翔，它也无法考虑飞向何方。我们当年在渑池留宿过的那座寺庙的老和尚奉闲已经死去，他的尸体火化后骨灰安放到新造的小塔里面去了；寺壁也已经坏了，当年题诗的墨迹也无处可寻。弟弟，你还记得吗？当年我骑着那头蹩脚的小毛驴过崤山时，漫长而崎岖的山路使小毛驴累得叫个不停。

后来，人们把『泥上偶然留指爪，鸿飞那复计东西』这两句诗，引申为『雪泥鸿爪』。

盘根错节

【成语释义】

树根枝节盘旋交错，比喻事情繁难复杂，不易处理；或比喻势力根深蒂固，不易消除。盘：弯曲；错：交错；节：枝节。

【典故出处】

晋代袁宏的《后汉书·虞诩传》。

【成语故事】

东汉时，本部的羌族和北方的匈奴不断入侵汉朝边境，大将军邓骘认为朝廷兵力较弱，不如放弃西部，集中力量对付北部的匈奴。太尉李修的府里有一个叫虞诩的门客，不同意他的看法，说：『前人花费了不少心血开拓的地方，怎么可以轻易就放弃呢？况且，西部熟悉军事、善于作战的人很多，过去羌人之所以不敢入侵，就是害怕他们。如果真的放弃了西部，长安就变成了边塞，那后果是不堪设想的。』虞诩的话在朝廷上引起了很大反响，也得罪了大将军邓骘，邓骘十分恼火，决定有机会整治虞诩。

这一年，河南发生动乱，百姓起来造反，进攻官府，杀死地方官员。邓骘觉得这是一个机会，便向皇帝奏明，派虞诩任河南县令，前去平息叛乱。消息传出，虞诩的朋友们都为他捏了一把汗，担心这一去凶多吉少。虞诩却满不在乎，笑着对朋友们说：『有志气的人不应当贪求省力，办事不畏艰难，正是臣子的责任，这好比砍伐树木，不遇到盘结交错的根节，怎么显示出刀斧的锋利呢？』

虞诩到河南上任后，很快平息了叛乱，得到了皇帝的赏识。后来，他又任太守、尚书等官职，而他刚正不阿、不畏权贵的性格始终未变，以至得罪权贵，多次受到处罚。

崇山峻岭

【成语释义】

形容陡峭、高大的山岭。崇：高；峻：陡峭。

【典故出处】

东晋王羲之《兰亭集序》。

【成语故事】

《兰亭集序》，作于公元353年（东晋穆帝永和九年）。这年的三月三日，王羲之与当时的名士孙统、孙绰、谢安等四十余人，宴集于会稽山阴（今浙江绍兴）的兰亭（今绍兴县西南）。这次集会很热闹，到会的人作了一些诗，王羲之把那些诗汇编成集时，写了这篇序，把当时的盛况和到会人的观感记录了下来。文章一开头便写道：

永和九年，岁在癸丑。暮春之初，会于会稽山阴之兰亭，修禊事也。群贤毕至，少长咸集。此地有崇山峻岭，茂林修竹；又有清流激湍，映带左右。

修禊（xì）：古代的一种祭礼，临水祭奠，以除灾求福；毕：全；咸：都；修：长；湍（tuān）：急流；映带：辉映环绕。

这段话的意思是：永和九年，是癸丑年。夏历三月之初，聚会于会稽郡山阴县的兰亭，举行修禊之事。当时群贤都聚集到了一起，无论年长的还是年轻的。这里有陡峭的高山，茂密的树林，高高的竹丛；还有清泉急流，辉映环绕着兰亭。

聊胜于无

【成语释义】

说明有比没有略好一点。聊：略微。

【典故出处】

东晋陶渊明《和刘柴桑》诗。

【成语故事】

这首诗大约作于晋安帝义熙十年（414年），陶渊明五十岁时。刘柴桑即刘遗民。据萧统《陶渊明传》载：『时周续之入庐山，事释慧远，彭城刘遗民亦遁迹庐山，渊明又不应征命，谓之浔阳三隐。』刘遗民可能曾有赠诗召陶渊明隐居庐山，陶渊明作此诗酬答。但这首诗名为和诗，其实通篇都是作者自叙归田之后，过着耕织自足，疏远世事，饮酒慰怀的生活。全诗共二十句：

山泽久见招，胡事乃踌躇？
直为亲旧故，未忍言索居。
良辰入奇怀，挈杖还西庐。
荒涂无归人，时时见废墟。
茅茨已就治，新畴复应畬。
谷风转凄薄，春醪解饥劬。
弱女虽非男，慰情聊胜无。
栖栖世中事，岁月共相疏。
耕织称其用，过此奚所须。
去去百年外，身名同翳如。

胡事：为何；亲旧：亲戚朋友；索居：指归隐庐山；荒涂：道路被野草掩没；废墟：被毁坏了的房屋；茅茨：茅草房；畬（yú）：开垦过两年的田地；谷风：东风；春醪（láo）：春酒；劬（qú）：劳累；弱女：比喻薄酒；栖(qī)栖：心神不安的神情；奚所须：还要别的做什么？百年：即百岁，古人以为人生不过百岁，故以此作死的讳称；翳（yì）：遮盖，这里指消失不存。

诗的大意是：刘遗民很早就赠诗召唤我归隐庐山，我为何踌躇不去呢？只是因为舍不得离开亲朋故友，所以才没有去隐居。我只盼望有个好天气，拿着手杖回到西庐。经过战乱的乡村道路被野草掩没而没人走，被毁坏的房屋到处都是。我已经把茅草房修缮好了，眼下又应当去治理新的田地，东风虽见寒凉，春酒足以解乏。这种酒虽说不是醇酿，用之解饥乏有则胜过于无啊！唉，随着岁月的推移，我与世事、世事与我，都互相疏远了。其实只要耕织够食用就行了，除此之外还要别的做什么？人生百年后，身名俱不存，更何况其他身外之物呢？

后来，『慰情聊胜无』被简化引申为『聊胜于无』。

黄粱一梦

【成语释义】

形容富贵荣华是虚幻的东西，就像梦境一样。也常用来形容虚幻、一场空。也作『一枕黄粱』。

【典故出处】

唐代李泌《枕中记》。

【成语故事】

从前有一个姓卢的穷书生，一次，他在邯郸的一家旅馆里遇到了道士吕翁，对吕翁大诉苦经，说自己的一生是如何的穷困潦倒。吕翁便从袖子里取出一个枕头说：『你把它枕在头下，便可以一切如意了。』吕翁说话的时候，旅店主人正在煮黄粱饭，而卢生因为旅途辛苦，确实很累，便糊里糊涂地枕在吕翁给他的枕头上睡着了。

不久，他便进入了梦乡，梦见自己来到一个不知名的地方，娶了当地一位年轻美貌、善良温顺的崔姓女子为妻。那个女子不但家境富有，贤淑能干，帮助他踏上了仕途，而且还给他生了几个子女。

后来，他的儿女都长大了，娶亲的娶亲，嫁人的嫁人，每个人都生活得非常舒适优裕，而卢生也一帆风顺，一直做到宰相的高位。又过了若干年，儿女们给他添了孙子外孙，他便闲居在家里享福，做起老太爷来。由于他终年嘻嘻哈哈，加上家里的生活条件非常，所以他一直活到八十多岁才安然死去。

当他从梦中醒来的时候，嘴角边还挂着满足的微笑。可等他睁开眼睛一看，原来自己仍住在旅店的小房间中，刚才那些荣华富贵只是短暂的一场美梦罢了。甚至店主人煮的黄粱饭，还没有煮熟呢。

黄袍加身

【成语释义】

指被拥戴为皇帝。黄袍：古代帝王的袍服。

【典故出处】

《宋史·太祖本纪》。

【成语故事】

五代十国的后期，后周世宗柴荣，是个有作为的皇帝。他改革朝政，先后攻取了后蜀的阶、成、秦、凤四个州和南唐的江淮地区十四个州，为后来北宋统一中国，奠定了基础。

在周世宗的群臣将领中，出身将门的赵匡胤深受赏识，被破格提拔为义成军（相当于州或府）节度使、殿前都点检。公元959年春天，周世宗亲征北部的契丹，在连夺了契丹的莫、瀛、易三州后，突患寒疾，只得撤军回到周都汴梁（今河南开封）。不久，三十九岁的柴荣便死去了，他七岁的儿子柴宗训继位，二十出头的继后符氏尊为皇太后。新君即位，赵匡胤除任殿前都点检，统帅精锐的中央禁军外，又兼任宋州归德军节度使、检校太尉，负责京城汴梁的防务。后来赵匡胤布置了『陈桥兵变』来夺取后周的政权。

那是公元960年元旦，归德军节度掌书记赵普和赵匡胤的弟弟赵匡义等经过密谋后，指使人从真、定二州飞报朝廷，说北汉与契丹会师南下兵犯后周。符太后听信宰相范质的话，决定派赵匡胤率军北征。赵匡胤刚刚出师，京城里就到处传说：皇上年幼，北兵又犯境，诸军无主，赵匡胤将为天子。而赵匡胤呢？率军来到开封北面二十里的陈桥驿，便下令宿营。当晚，赵普和赵匡义等人经过密谋策划，『夜五鼓，军士集驿门……曰：「诸军无主，愿策太尉为天子。」未及对，有以黄衣加太祖身，众皆罗拜，呼万岁』。意思是：次日，天将黎明时，赵匡义等请出赵匡胤，将士们把他围住，齐声呼喊：六军无主，愿奉太尉为皇帝。匡胤未及作答，就披上了早已准备好的、皇帝穿的黄袍。众将士一律下拜，三呼万岁。

赵匡胤连忙推辞道：『我世受国恩，不能做这样不义的事吧？』这时，赵普就说：『这是上天的旨意，人心的归向，您就不要推辞了。只要礼待幼主，厚遇太后，就是报答世宗恩德了。』于是，赵匡胤便率领大军回到汴京，逼着幼主柴宗训禅位给他。因为赵匡胤任归德军节度使时治所在宋州，故定国号为宋，史称为宋太祖。

赵匡胤即位当了皇帝后，就把让位的幼君、七岁的孤儿柴宗训封为郑王，封符太后为周太后，迁住西宫。

根据这个故事，便引出了『黄袍加身』。

萍水相逢

【成语释义】

比喻素不相识的人，偶然相遇。萍：浮萍；逢：遇。

【典故出处】

唐代王勃《滕王阁序》。

【成语故事】

在《滕王阁序》里，王勃抒发自己怀才不遇、有志难申的悲凉感慨时写道：

关山难越，谁悲失路之人？萍水相逢，尽是他乡之客。怀帝阍而不见，奉宣室以何年？

失路：失意，不得志；帝阍（hūn）：原指天帝的守门人，这里指帝王的宫门，借指国君；宣室：汉代未央宫前殿的正室，汉代贾谊很受汉文帝赏识，准备重用，但因被人谗害，外贬为长沙太傅，后来文帝想起了他，便曾在这里召见他。

这段话的意思是：关山之险，难以越走，有谁来同情失意之人？我们好似浮萍随水漂泊偶然相遇，大家都是他乡之客。怀念国君，却没有朝见的机会，但不知何年何月，才能像贾谊那样在宣室奉旨召见？

敝帚自珍

【成语释义】

比喻自己东西虽然不好，也很爱惜。敝：同『弊』，破旧；珍：爱惜。

【典故出处】

《东观汉记·光武帝纪》。

【成语故事】

王莽末年，黄河南北的广大地区，到处燃起了反抗王莽暴政的农民起义的烈火。汉室宗亲刘秀也在宛县（今河南南阳）起兵响应，并在战争中逐渐扩大了自己的实力。公元25年6月，刘秀在鄗县（今河北柏乡北）即位，建立东汉政权，史称光武帝。当时，盘踞在西南巴、蜀（今属四川）地区的公孙述，也在成都即位称帝，不肯归顺刘秀。公元35年，刘秀便派大司马、舞阳侯吴汉与征南大将军岑彭率领六万大军讨伐公孙述。汉军很快就将成都南面的重镇武阳（今四川彭山东）攻下，公孙述便派刺客潜入武阳汉军营中，刺杀了岑彭。当时吴汉正在夷陵（今湖北宜昌市东南）筹集战船，岑彭遇刺后，便率军沿江西上，终于在公元36年春天逼近成都南郊。由于求胜心切，吴汉决定分兵一万给副将刘禹扼守锦江南岸，自己亲率两万人马驻扎在北岸，准备进攻成都。

公孙述探听到吴汉分兵后，便派出一支奇兵绕过锦江，突袭刘禹。汉军仓促应战，损失惨重。吴汉骑着战马跌入锦江，幸亏拖住马尾巴才死里逃生。后来，吴汉收集余部，与刘禹会合后，经过短期休整，再次集中兵力，进攻成都，经过多次激烈的战斗，汉军才在这年的十一月，攻进了成都，公孙述战死，他的部将延岑大开城门，向吴汉投降。

吴汉将公孙述打败后，由于痛恨他们的顽固态度，便施行报复。吴汉等下令把公孙述的妻儿以及降将延岑一家全部处死；同时还放纵士兵四处抢掠、放火。刘秀听说后，非常生气，马上派人去制止，并在诏书中责备副将、汉家宗室刘禹说：『城降，孩儿、老母口万数，一旦放兵纵火，可为酸鼻。家有敝帚，享之千金。』意思是：成都方面已经投降，全城的老幼数万口，都是汉家的百姓，为什么还要放纵士兵迫害他们，这怎么能忍心呢？自己家里的一把破扫帚，也应该当作价值千金的宝贝一样来爱护它。

后来，『家有敝帚，享之千金』，被简化引申为『敝帚自珍』。

铤而走险

【成语释义】

形容无路可走或无别的选择，而采取冒险行动。铤（tǐng）：急走；走险：奔赴险处。

【典故出处】

《左传·文公十七年》。

【成语故事】

公元前610年，晋灵公为了与楚庄王争做诸侯盟主，而会盟于扈。可是，郑国的国君郑穆公却没有来，晋灵公很生气，并认为郑国对晋国有异心。于是，郑子家（即公子归生）专门写了一封信给晋国的执政大夫赵宣子，解释郑穆公没有去会盟的苦衷。信中列举大量事实说明郑国历来对晋国的尊敬和顺从，但晋国仍未有快我之意。如果晋国再相诛求，那郑国这样的小国唯有被晋灭亡了。接着，郑公子的信又写道：『古人有言：「畏首畏尾，身其余几？」又曰：「鹿死不择音。」小国之事大国也，德，则其人也；不德，则其鹿也，铤而走险，急何能择？命之罔极，亦知亡矣，将悉敝赋以待于鲦，唯执事命之。』

音：指所荫之处；鲦（tiáo）：这里指晋、郑的边境。这段话的意思是：现在郑国的处境是既畏首又畏尾，既怕楚国又怕晋国。这就像是一只被追逼的将死的鹿，没有时间选择能够庇护它的地方。小国于大国，若大国讲仁德，则小国乃人也；若不德，那么小国就像一头鹿。如果你们把我们逼急了，这就像鹿之困迫不择路，我们无路可走而将冒险赴难。这样，我们或者要求楚国的保护，或者倾全国之力，在国境上等候晋国大军的到来。

趾高气扬

【成语释义】

比喻骄傲自大，得意忘形。趾高：脚步跨得高高的，神气十足；气扬：神态自恃自得。

【典故出处】

《左传·桓公十三年》。

【成语故事】

春秋时候，楚国有个叫屈瑕（xiá）的将领，字莫敖。有一年，楚王派他带领人马去攻打绞国，打了一个大胜仗。屈瑕就自以为了不起，神气十足，迈步走路，都把脚抬得高高的。

次年，屈瑕又奉命去攻打罗国，他认定自己一定会打胜仗，又摆出上次讨伐绞国得胜时那副神态。大夫斗伯在送屈瑕出征返回的途中，对他的马车夫说：『莫敖必败，举趾高，心不固矣。』意思是：屈瑕这次一定要打败仗，你看他走起路来把脚抬得高高的，可以看出他目空一切，不是以坚定的心思去作战。

事情正像斗伯预料的那样，屈瑕果然因轻敌疏于防备，被罗国和卢国的军队两面夹击，被打得七零八落，最终落得上吊自杀的结局。

望门投止

【成语释义】形容人逃亡时，慌不择路的样子；也用以表示亲友间的密切情谊。投止：投宿。

【典故出处】《后汉书·张俭传》。

【成语故事】东汉的张俭，因为举报宦官侯览及其家属残虐百姓而获罪，不得不逃亡在外。在逃亡过程中，为了躲避官府追捕，他看人家就请求投宿，而老百姓由于敬重他的品行，都冒着家破人亡的危险收留了他。

望梅止渴

【成语释义】比喻虚假的想象，不可变为现实；现多用来比喻愿望无法实现，用空想来安慰自己。

【典故出处】《世说新语·假谲》。

【成语故事】

东汉末年，有一次曹操率军长途奔袭征伐吴。在行军路上，天气闷热，地处荒山野岭，找不到一滴水，士兵们渴得嘴唇干裂，个个有气无力，行军遇到了极大的障碍。

这时，骑在马背上的曹操，忽然想出了一个办法。他举起马鞭子往前方一指，高声地喊道：『前有大梅林，饶子，甘酸可以解渴！』意思是：赶快走啊！前面有一片梅林，树上结满了青梅，既甜又酸，可以解渴。

将士们听到这番话，想起酸酸甜甜的青梅，腮帮子都发酸了，嘴里立刻涌出了大量的唾液，顿时就不再觉得怎么渴了。不久，便走到了有水的地方。

根据这个故事，后来人们便概括出了『望梅止渴』。

望洋兴叹

【成语释义】

原指自己渺小，惊叹不如人家；现用来比喻做事情时因力量不够或条件不具备而感到力不从心，无可奈何。望洋：抬起头来看的样子；兴：发出。

【典故出处】

《庄子·秋水》。

【成语故事】

这是庄周讲的一个寓言故事。有一年秋天涨水，大河小河的水都灌注到黄河里去。黄河的河面突然广阔起来，隔水相望，两岸的牛马都分辨不清楚。黄河之神河伯，由此而沾沾自喜，以为整个天下就数他最伟大了。

河伯得意扬扬地由西向东，来到了北海。朝东一望，白茫茫一片，简直看不到尽头。于是焉，河伯始旋其面目，望洋向若而叹曰：『野语有之曰：「闻道百，以为莫己若」者，我之谓也。』意思是：面对着无边无尽的海洋，相形对比下，河伯才觉得自己的渺小，他叹了一口气，对北海之神海若说：『俗话说得好，有了一点学问，就自以为是，以为没有人比得上自己。实际上，我就是这种浅薄的人。』

北海之神海若听了河伯的话，便语重心长地对他说：『我们不能同井底的青蛙谈海，因为它受居地的限制；不能同夏天的小虫谈水，因为它受季节的限制。同样的道理，不能和知识浅薄而又自负的人谈论高深的学问，因为他们所知道的就只是那么一点点。现在，你通过亲身的体验，看到了自己的渺小，有了这种虚心的态度，就可以同你探求高深的大道理了。』

后来人们根据这个故事，便把『望洋向若而叹』简化引申为『望洋兴叹』。

掩耳盗铃

【成语释义】

比喻自作聪明，想欺骗别人，实际上是自己欺骗自己。掩：遮盖，捂；盗：偷。

【典故出处】

《吕氏春秋·自知》，又见于《淮南子·说山》。

【成语故事】

春秋末期，晋国统治集团内部经常发生争夺权势、相互兼并的斗争。有一年，赵简子灭了范吉射以后，有人看见范家门前挂着一口大钟，就想背回家去。可是钟大，太笨重，背不动，他便找来一只铁锤，打算把钟敲碎，再一块一块慢慢地拿回家去。不料当他用锤敲钟的时候，发出了一阵阵洪亮的响声。这下可把他难住了：『要是别人听见响声，都来夺钟怎么办呢？』忽然，他想出了一个主意：『钟响之所以会惹出事来，只是因为耳朵听得见，假如把耳朵捂起来，事情不就很好办了吗？』

于是，他堵了自己的耳朵，认为只要自己的耳朵听不见了，别人的耳朵也就会听不见的。这样，便可以放大胆子去敲钟了。结果，就在他敲钟的时候，当场就被人抓获了。

以后，到了唐朝，唐高祖李渊听说了这件事后，觉得很可笑，说：『此可谓掩耳盗铃也。』

萎靡不振

【成语释义】

比喻精神不振作，暮气沉沉，没有奋发向上的尽头。萎：同『委』；靡（mǐ）：颓丧，暮气沉沉；振：振作，发奋。

【典故出处】

《宋史·杨时传》。

【成语故事】

杨时，北宋时著名的学者，字中立，南剑将乐（今属福建）人。曾被宋徽宗任为龙图阁直学士。当时，北宋王朝已经处在危亡之际，而徽宗这个只会享乐、昏庸无能的君王，在金兵已经攻占了北方大片领土时，仍旧不把国家的存亡和人民的疾苦放在心上，不惜耗费大量的人力物力修造豪华的宫殿。结果他派去抗击金兵的大将童贯，和他一样昏庸无能，接连吃败仗，金兵很快就打到了京都汴（biàn）京（今河南开封）附近。

这天，宋徽宗正在饮酒作乐，金兵已经打到汴京的消息传来，他吓得毫无主意，众大臣也乱作一团。这时候，杨时挺身而出，镇定自若地对大家说：『现在的形势犹如干柴着了火，十分危急。皇上应该赶快清醒振作起来，坚定抗金的决心，这样才能鼓舞士气，振奋人心。「若示以怯懦之形，萎靡不振，则事去矣」（意思是：如果还像过去那样胆小软弱，精神又萎靡不振，那么宋朝就没有什么希望了）。』

渐入佳境

【成语释义】

原指甘蔗下端比上端甜，从上到下，越吃越甜。后比喻境况逐渐好转或兴趣逐渐浓厚。

【典故出处】

《晋书·顾恺之传》。

【成语故事】

东晋著名画家顾恺之多才多艺，尤其擅长人物绘画，但在生活上则比较随便。

一次，朋友送一捆甘蔗给他，他正在聚精会神地欣赏风景，竟从甘蔗末梢吃起来。朋友问他感觉如何，他说渐渐甜起来，这才是甘蔗正常的吃法。

祸起萧墙

【成语释义】

比喻乱子发生在内部。萧墙：春秋时鲁国国君所用的屏风，比喻内部。

【典故出处】

《论语·季氏》。

【成语故事】

孔子是鲁国人。在他出生后，鲁国的政权早已为季、孟、仲孙三家大夫所控制，而尤以季氏（也称季孙氏）的权柄和势力最大。到鲁哀公时候的季氏，名为卿大夫，实际权势之大，早已在国君之上。他为了进一步扩大自己的势力范围，还想派兵去攻打鲁国的附庸国——颛臾。孔子坚决反对季氏进攻颛臾，但他的学生冉有（即冉求）和季路（子路）在季氏那里做家臣，却对进攻颛臾持支持的态度，并为季氏的这一行动进行辩解。孔子就批评他们说：

『求！君子疾夫舍曰欲之而必为之辞。丘也闻：有国有家者，不患寡而患不均，不患贫而患不安。盖均无贫，和无寡，安无倾。夫如是，故远人不服，则修文德以来之。既来之，则安之。今由与求也相夫子，远人不服而不能来也，邦分崩离析而不能守也，而谋动干戈于邦内。吾恐季孙之忧，不在颛臾而在萧墙之内也。』

舍曰：不肯说；辞：推托；贫：指财用不足；寡：指人口稀少；倾：覆灭；干戈：指战争。

这段话的大意是：冉求啊！君子最讨厌那种不说自己贪心无厌，反倒给自己找借口的行为。我听说过：无论是诸侯还是卿大夫，不必着急财富不多，只需着急财富分配不均；不必着急人民太少，只需着急境内不安定。如果财富分配均匀，则无所谓贫穷；境内安定团结，便不会觉得人少；境内平安，便不会有覆灭的危险。能做到这样，远方的人还不归服，就整顿文教礼乐招揽他们。他们来了，就得使他们安心。如今仲由与冉求你们两人辅助季孙，远方之人不归服，国家支离破碎却不能保全，反而想在国内发动战争。

末了，孔子还针对冉求支持季孙氏攻打颛臾的理由：颛臾城池坚固，而且离季孙氏的重要领地费邑（今山东费县）很近，现在不把它占领，日子久了，会给子孙留下祸害等，尖锐地指出：我担心季孙所忧虑的恐怕不在颛臾，却在萧墙之内啊！

这里孔子很明显将矛头指向了鲁国的国君。因为当时季孙氏把持着鲁国的朝政，和鲁君矛盾很大，也知道鲁君想收拾他以收回主权，因此害怕颛臾凭借有利的地势起来帮助鲁国国君对付自己，于是便先下手为强，攻打颛臾。所以，孔子这句话，深深地刺中了季孙氏的要害。

后来，这句话被简化引申为成语『祸起萧墙』。

盗亦有道

【成语释义】

盗贼也有做盗为贼的原则。

【典故出处】

《庄子·胠箧》。

【成语故事】

春秋时期，最有名的大盗叫盗跖。盗跖的部下问盗跖说：『做大盗也有法则吗？』盗跖回答说：『无论做什么事情都有法则。做大盗怎能没有法则呢？凭空能猜出屋里储藏着多少财物，这就是圣；带头先进入屋里，就是勇；最后退出屋子，就是义；酌情判断能否动手，就是智；分赃均匀，就是仁。不具备这五种素质而成为大盗是不可能的。』

盗跖这一套说教，和儒家宣扬的『圣人之道』如出一辙，由此讽刺了儒家的虚伪。

惊弓之鸟

【成语释义】

比喻受过惊吓或打击之后，再遇到类似的情况就惊慌，害怕。弓：弓箭。

【典故出处】

《战国策·楚策四》。

【成语故事】

战国末年，强大的秦国，对各诸侯国不断地进行征伐。有一个时期，楚国与赵国结成联盟，想跟秦国较量一番。两国的使者在一起商量选派军队的统帅时，楚国的公子春申君打算起用临武君，向赵国的使者魏加征询意见。

魏加一听，春申君要任临武君为统帅，顿时眉毛皱成了一个疙瘩，摇头叹气不断，可就是不张嘴讲话。春申君一看他这个样子，知道他是不乐意，就很客气地向他讨教临武君不适合做统帅的原因。

魏加略微想了想，就彬彬有礼地说：『公子，我年轻的时候，很喜欢弄弓射箭，我还是先说一个射箭的故事给您听吧！』接着，魏加就讲开故事了，他说：早些时候，魏国有一个很有名望的射箭能手叫更羸（léi）。有一天，他跟魏王到野外去游玩，看见天上有一群鸟飞过。更羸就对魏王说：『大王，我不用箭，只要拉一下弓，扣一下弦，就能射下一只鸟来。』见魏王根本不相信会有这样的事，更羸又说：『那就让我试一试吧。』

过了一会儿，从东面飞过来一只大雁。更羸并不用箭，只是左手托弓，右手拉弦，随着『当』的一声弦响，那只雁就应声从天空中掉了下来。

魏王一看大吃一惊：『呀，你怎么会有这样的本领？』

这时，更羸才笑盈盈地解释说：『这没有什么稀奇的。这本来就是一只受过箭伤的失群大雁，你没有看它飞得很慢，叫声悲哀吗。飞得慢，因为它受过箭伤，伤口没好还疼痛；叫声悲，因为它离开同伴已经很久了。旧的创伤没有好，心里正在害怕，所以一听到弦响就要拼命往高处飞。这样一使劲，伤口又裂开了，它就掉下来了。」

讲完了故事，魏加才把话锋一转，恳切地说：『临武君这个人，刚刚被秦军打得大败，现在隐痛在身，还没有消除。他余惊未去，就像这只孤雁，怎能马上就很好地挑起统帅的担子，领兵与秦军对阵呢？』

春申君听了魏加的分析，不住地感叹点头称是。

盛名之下，其实难副

【成语释义】

比喻那些名声很大、孤傲自恃、名不副实的人。盛：盛大；副：符合。

【典故出处】

《后汉书·黄琼传》。

【成语故事】

黄琼，江夏安陆（今湖北安陆）人，字世英，其父是东汉时候以博学经典著称的黄香。在当时他很有名望，不少公卿都推荐他到朝廷里去做官，黄琼却一再推说身体有病，而拒绝了。到汉顺帝永建年间，朝廷下诏征聘，黄琼才勉强应诏。太傅李固素来仰慕黄琼，为了这事又特地给正在东进途中的黄琼写了一封信，劝他早日进京，不要再生变故，做一个为人所不喜欢的孤傲自恃的人。信中说：『常闻语曰：「峣峣者易缺，皎皎者易污。」阳春之曲，和者必寡，盛名之下，其实难副。』

峣（yáo）：高峻；皎（jiǎo）：很白很亮。这一段话的意思是：我常听人说，高峻的东西，容易折损；

洁白晶亮的东西，容易玷污。高深的曲调，能跟着唱的人就很少。一个人名声很大，实际上却往往很难相符。

黄琼在李固的激励下，很快就到了京都，初任议郎，后升任尚书令、太尉、司空。

假仁假义

【成语释义】

比喻虚假、伪装的仁慈善良。假：虚假，伪装；仁：仁慈；义：善良。

【典故出处】

《孟子·梁惠王上》。

【成语故事】

战国时候，有一次，齐宣王正端坐在堂上读书。有一个仆人牵着一头牛从堂下经过，宣王听见声响，放下书本，看见那头牛，浑身颤抖，一副害怕的样子，便问牵牛的仆人，说：『你把这牛牵到哪儿去？』

仆人回答说：『今天是祭祀的日子，牵去杀了祭钟。』

齐宣王再看那头牛哆哆嗦嗦的可怜相，心里顿时涌起慈善之心，便对那仆人说：『你放了它吧！看它那哆嗦可怜的样子，毫无罪过，却被送进屠场，看着它这副惨相，我实在不忍心。』

仆人听了，反问道：『那么今后就不要再祭钟了。』齐宣王说：『我不是这个意思，钟还是要祭的，那就换一只羊杀了来祭钟吧。』

『哦！』仆人明白了，齐宣王的慈善心，原来只不过是以羊换牛，以小易大，换汤不换药的骗人把戏！

现在人们常用『假仁假义』比喻虚假、伪装的仁慈善良。

梅开二度

【成语释义】

梅花再度开放。比喻夫妻破镜重圆，或相爱的人重新走到一起。也比喻某人在遭遇厄运后，焕发第二次青春，从新站了起来。

【典故出处】

传说故事。

【成语故事】

唐代肃宗年间，中原地区某地有一俏丽女子，名唤陈杏元。她家院里种着一株梅花树，时当花期，正喷香吐艳。忽一日，那梅花树的枝儿蔫了，花儿落了。何故无风无雨花自残，陈杏元大惑不解。也在这一日，陈杏元在朝做官的父亲差人送来一位书童。这书童，聪明伶俐，才貌超人。后来得知，他原是被奸臣残害的忠良之后，叫梅良玉。原来，梅花自败是应在了他的身上。这不禁使陈杏元内心里萌生了一种难以名状的感情……不久，他俩相爱了。

谁知好景不长，他俩尚未成婚，北国南侵，唐王难以抵挡，就派美人去应付，选陈杏元到北国去和番。那时的邯郸是边陲重镇，凡到番邦去的人，一般都要登临邯郸的丛台，与社稷亲人垂泪相别。这样，陈杏元与梅良玉便也来到丛台之上。

后来，当陈杏元泪别梅良玉，一步一回头，悲悲切切地就要到达番邦，路经一处悬崖断壁，痛不欲生跳崖寻死之时，她突然得救了。救她的是一缕阴魂，是前朝也因前来和番到头来忧郁而死的王昭君的阴魂。那阴魂，背起陈杏元直送入中原陈家，最终陈杏元与梅良玉又成好事，喜结良缘。

这件事，感动了陈家院中的梅花树。就在梅陈完婚之日，那梅花树二度重开，且花朵满枝，艳丽无比，馨香四溢。

唯利是图

【成语释义】

指只要有利可图，什么事都干得出来。唯：只有；图：图谋，谋取。

【典故出处】

《左传·成公十三年》。

【成语故事】

公元前580年，秦桓公和晋厉公在令狐（今山西临猗县西）会盟，双方签订了友好的盟约。不料盟约刚刚签过，秦桓公随即背盟，欲拉着楚国，并与狄合谋击晋。可是，到次年春，楚晋两国的关系经调解已经和好了，双方约定：若有人加害于楚，则晋出兵讨之；对晋，楚亦如此。因而，秦桓公要拉楚攻晋的事，晋国很快就知道了。

公元前578年，晋厉公就派魏锜之子大夫魏相（也称吕相）去同秦桓公绝交，并写下了绝交书。在这封或由魏相执笔写下的，或由魏相传递的绝交书中，晋厉公指责秦国破坏盟约，破坏秦晋两国的友好关系。绝交书在揭露秦桓公不讲信义时，引用了楚王对晋国讲的话，说秦王曾对楚王说『余虽与晋出入，余唯利是视』。意思是：秦王曾对楚王说，我们同晋国往来，只是为了图利，别的什么都不顾。

晋秦两国绝交后，就在这年的四月间终于发生了一场战争。两国军队会战于秦国的麻隧（今陕西泾阳县北），结果晋军在别的国家支持下，打了胜仗；秦军师出无名，吃了败仗。

根据这个故事，后来『余唯利是视』被引申为『唯利是图』。

虚有其表

【成语释义】

空有好看的外表，实际上不行。指有名无实。虚：空；表：表面，外貌。

【典故出处】

唐代郑处诲的《明皇杂录》。

【成语故事】

唐玄宗时有个中书舍人叫萧嵩，他长得体态高大，有一副美髯，相貌不凡。

有天晚上，玄宗想起要任命苏颐为宰相，忙叫侍从找个人来草拟诏书。侍从把萧嵩请来了，皇帝就命他写一道任命苏颐为宰相的诏书。萧嵩遵命，过了一会儿，便把诏书草稿呈送明皇审阅，明皇见稿中有『国之瑰宝』一词，因犯了苏颋之父亲苏瑰的名讳，认为不妥，要他当场修改一下。

萧嵩一时又急又怕，心慌意乱，全身都是汗，不知怎样修改才好。等了好久，明皇过来看时，只见他只把『国之瑰宝』改成了『国之珍宝』，其余全无更动。明皇不满，萧嵩羞惭而退。待萧嵩退下，皇上把草稿扔在地上说道：『此人虚有其表，没有大用。』

盖世之才

【成语释义】

比喻当世第一，独一无二，多作夸张性的赞语。

【典故出处】

北宋苏轼《留侯论》。

【成语故事】

留侯，即汉高祖刘邦的主要谋士张良。相传，在秦朝末年，张良谋刺秦始皇失败之后，逃亡隐居在下邳。有一天，张良在下邳桥上遇到一个素不相识的老人，要张良给他拾来掉在桥下的鞋子，并给他穿上，张良忍气照着做了。后来老人又叫张良过五天到桥上去等他，前两次老人都嫌张良去得晚了，直到第三次老人才满意并赠张良一本兵书。

苏轼在宋仁宗嘉祐六年（1061年），在应考时所上的《进论》之一《留侯论》一文中，就谈了自己对张良这件事的看法。文章以『忍』字为中心，列举史实，论证了『忍小忿而就大谋』是事业成败的关键。文章认为，刘项相争，『高祖之所以胜，项籍之所以败者，在能忍与不能忍之间而已矣。项籍唯不能忍，是以百战百胜，而轻用其锋，高祖忍之，养其全锋而待其敝，此子房教之也。』锋：精锐的力量。这段话的意思是：我们分析高祖刘邦所以取胜，项羽之所以失败的原因，也是在能忍与不能忍之间罢了。项羽由于不能忍耐，所以虽然百战百胜，但常常轻易地使用他的精锐力量；汉高祖能忍耐，则蓄养其实力而等待项羽的疲敝，这也正是张良教给他这样做的。

而恰恰是桥上老人教会了张良学会忍耐。苏轼认为，桥上老人给张良兵书，其真实用意并不在于授书，而是为了使张良学会忍耐小忿，完成大谋。文章写道：

『子房以盖世之才，不为伊尹、太公之谋，而特出于荆轲、聂政之计，以侥幸于不死，此圯上老人所为深惜者也。是故倨傲鲜腆而深折之。彼其能有所忍也，然后可以就大事。故曰：「孺子可教也。」』

盖世：高于当世之人；伊尹：商初功臣，辅佐商汤灭夏；太公：吕尚，辅佐周武王灭商，建立周朝，封于齐；荆轲：战国时齐国人，曾受燕太子丹的指派谋刺秦王政，失败被杀；聂政：战国时韩国人，曾为韩卿严遂刺杀韩相韩傀；倨傲：傲慢；鲜腆：不礼貌。

这段话的意思是：像张良这样才华出众的人，开始也不去效法伊尹、太公那样考虑深远的谋略，而只想采用荆轲、聂政那种行刺的行为，企图侥幸免除一死，桥上老人深深为他做出这样的事情感到惋惜。因此，老人在他面前故意装出非常傲慢无礼的样子，狠狠地刺激他。他如果能忍耐下去，这样才有可能做出大事业。所以老人说：『这孩子是可以教诲的。』

后来，『子房以盖世之才』被简化引申为『盖世之才』或『盖世无双』。

推心置腹

【成语释义】

比喻真诚待人。推：交给；心：赤诚的心。

【典故出处】

《后汉书·光武帝纪上》。

【成语故事】

公元17年，我国湖北省西北部荆州一带发生严重灾荒，饥民们举起了起义大旗，反对王莽政权的黑暗统治。他们以绿林山（今湖北钟祥东北）为根据地，称为绿林军，声势很大。又过了几年，汉室宗亲刘玄、刘秀也举着反对王莽统治的旗号参加了绿林军。公元23年农民领袖拥立刘玄当了皇帝。那时候，刘秀屡立战功，刘玄封他做了破虏大将军，并且让他去河北，扩充力量，安抚人心。

刘秀到河北后，了解到那里有个叫王郎的算卦先生，冒充汉皇室后裔，自封为皇帝，招兵买马，拉起了一支不小的队伍。刘秀就联合当地各郡县的人马，很快地消灭了这股割据势力。刘秀从缴获的公文中，发现了一些郡县官吏和富户人家与王郎的来往书信，内容大都是些吹捧王郎，诽谤他刘秀的。刘秀认为这已经是过去的事了，略微翻了翻，随即当着众将领的面，把这些材料统统焚烧了。这举动使得刘秀大得人心，许多人都对刘秀更加信赖。根据刘秀立下的战功，刘玄又加封他为萧王。

公元24年，刘秀又率军打败了另一支农民起义军铜马，铜马几十万军队都归顺了他。刘秀对那些投降的起义军首领大都委派了官职。但被收编的官兵不少人仍然疑惧不安，担心刘秀不会真心地信任他们。于是刘秀就请他们各回各的营寨，仍然带领他们原来的人马。而后自己只带上几个随从，骑上一匹马，就一个一个营帐去看望大家。他对那些收编过来的将士问寒问暖，表示很关怀。这些将士很受感动，私下里都相互谈论说：『萧王推赤心置人腹中，安得不投死乎！』意思是：萧王刘秀这个人对人真诚恳，把赤诚的心都交给了我们，我们怎么能不为他赴汤蹈火呢？

脚踏实地

【成语释义】

比喻做事治学踏实、认真，实事求是，不浮夸；也用来形容作风朴实，态度恳切，不浮滑。

【典故出处】

宋代邵伯温《邵氏闻见录》卷十八；又见于马永卿《懒真子》。

【成语故事】

北宋时候，我国出了一位著名的史学家，这便是陕州夏县（今山西夏县）人司马光。司马光，字君实，生于公元1019年，二十岁开始做官，他一生最大的贡献是编了《资治通鉴》。据说，司马光从小就喜欢读史书。后来，他看到从古到今，已经有了许多历史著作，一个人就算什么事也不干，一辈子也读不完。当时，他便产生了吸取这些史书的精华，编写一部系统扼要的史书的愿望。

受宋英宗的委托，司马光主编《通鉴》，在刘攽、刘恕、范祖禹等史学家的帮助下，前后花了十九年的时间，终于在宋神宗元丰七年（1084年）写成了我国第一部编年体通史——《资治通鉴》。这部书从战国一直写到五代，按年代顺序叙述了一千三百六十二年间的大事，二百九十四卷，另有《目录》三十卷，《考异》三十卷，共有三百多万字。这是一部内容十分丰富，很有科学价值的著作。

编写这么一部巨著，司马光付出了极大的智慧和劳动。这也充分显示了司马光一生勤奋、踏实的作风。相传，司马光小的时候，他同哥哥弟弟们在一起学习。他发现自己的记忆力较差，别人很快记住的东西，他都记不住。但他不甘心落后，决心克服自己记忆差的弱点。每当老师讲完课，兄弟们读上一会儿，都出去玩了。他便留在屋子里，把门窗都关上，一遍又一遍地高声朗读，直到能倒背如流，才肯罢休。在《资治通鉴》的编写过程中，司马光更是无时无刻不在刻苦钻研，专心写作。有时工作到深夜，只睡几小时，一到五更，就起来继续写作。他上床睡觉后，怕睡得过久，耽误工作，就特制了一个圆木『警枕』，不让自己睡得过于安稳，以便早点起来工作。有人曾看见过司马光作《资治通鉴》的原稿，数百卷草稿的每一个字的每一笔，都十分工整，没有一个草写字。仅剩下的废稿残稿，堆放在洛阳，就占了满满的两间屋子。

因而，当司马光问他的好友邵伯温的父亲邵雍说：『你看我是怎么样的一个人？』时，邵雍便回答说：『君实，脚踏实地人也。』意思是：您做事治学，实事求是，认真踏实，一丝不苟。

后来，『君实，脚踏实地人也』被简化引申为『脚踏实地』。

萧规曹随

【成语释义】

比喻按照前人的成规办事。

【典故出处】

《汉书·曹参传》。

【成语故事】

曹参是西汉王朝的开国功臣，攻城略地，身受七十处创伤，是战功最多的一员猛将。曹参自从跟随刘邦起兵反秦以来，无论在同秦军作战、同项羽作战中，还是在对陈豨、黥布的平叛作战中，他总是身先士卒，是西汉功绩显赫的功臣。项羽战败，天下初定，汉王刘邦当了皇帝，齐王韩信被夺了兵权，改封为楚王，把齐国划分为郡。后来，刘邦封长子刘肥为齐王，任曹参为齐国的相国。孝惠帝刘盈元年（公元前194年）废除诸侯国设相国的法令，改曹参为齐国丞相。曹参以丞相身份辅助齐王，统辖齐国七十座城邑。

曹参和萧何，都是汉高祖刘邦手下的大功臣。他们两人原都是秦末沛县（今江苏沛县）的小官吏，同时跟着刘邦起兵反秦，本来彼此是很要好的朋友。曹参带兵打仗，自视立了不少战功，可是后来他得到的爵位和赏赐反倒比不上萧何，心里实在是郁闷，再加上在有些事情上同萧何的意见有分歧，彼此的关系就疏远了。

刘邦做了皇帝后，萧何当了开国的相国。这时，萧何就致力于搜集历代、特别是秦朝的文献，调查了解当时的民情、风俗、户口等，亲手制定了汉朝的法规、典章和制度。

刘邦死后，汉惠帝继位，萧何也病得只剩下一口气了。汉惠帝亲自去看他，请他推荐将来的相国人选。萧何不计私怨，以大局为重，就向汉惠帝推荐了曹参。

萧何一死，曹参就当了相国。他要求官吏们，一切按前相国的章程办事。虽然说他没拿出什么新招数来，但对那些油腔滑调、舞文弄墨或沽名钓誉的官员，坚决撤换掉，而选上几个忠厚老实对萧相国那一套有体验的人来做他的帮手。于是，有人就在汉惠帝面前说曹参管理国事不精心，不出力。

有一天，汉惠帝就同曹参谈起了这件事，让他有什么话都可以说出来。曹参是开国元老、大功臣，便摆起老臣的架势问惠帝：『请问皇上，您跟先帝比较，哪一位英明呢？』惠帝说：『我年轻，哪儿比得上先帝！』曹参又问：『要说治理国家，我与萧相国比，皇上您看哪一个贤明？』惠帝微微地笑着说：『恐怕你还不比萧相国吧？』曹参借机恳切地说：『皇上说得完全对。皇上不比先帝，我又不如萧相国。那么，先帝和萧相国平定了天下，制订出的章程，如果我们不很好地继承下来，而随意加以更改，这样恐怕不合适。』

汉惠帝本来只有十七岁就当了皇帝，人年轻脑子比较活，经曹参这么一讲，就连连点头说：『噢，我明白了，请相国别介意。』

深谋远虑

【成语释义】

比喻计划周到，考虑得很深远。深：周到；谋：计划，计策；虑：思考，考虑。

【典故出处】

汉代贾谊《过秦论上》。

【成语故事】

贾谊是西汉初期杰出的政治家和文学家，他的著作《新书》十卷，共五十八篇。在政论中，尤以《过秦论》《陈政事疏》《论积贮疏》等最为有名。

『过秦』，即是指责秦王朝的过失。贾谊在《过秦论》这篇文章中，从分析秦王朝灭亡的原因入手，提出了治国应施行仁义的政治主张，要当时的统治者，以秦为鉴戒，做到长治久安。当然，在当时的历史条件下，贾谊并没有也不可能找到秦灭亡的真正原因，对人民力量也没有足够的重视，但是他的分析和某些主张，对当时的百姓也还有一定的好处。

在文章中，贾谊在讲到秦末农民起义时分析说：『且夫天下非小弱也；雍州之地，殽函之固，自若也。陈涉之位，不尊于齐、楚、燕、赵、韩、魏、宋、卫、中山之君也；锄櫌棘矜，不铦于钩戟长铩也；谪戍之众，非抗于九国之师也；深谋远虑，行军用兵之道，非及曩时之士也。然而成败异变，功业相反。……仁义不施而攻守之势异也。』

锄櫌（yōu）：农具名；矜（qín）：戟柄；铦（xiān）：锋利；钩戟：有钩的戟；长铩（shā）：古代一种长矛；谪（zhé）戍之众：被贬调去守边的那些人；曩（nǎng）时之士：从前的谋士。

这段话的意思是：在当时，秦朝的统治力量并没有缩小削弱，雍州土地的肥沃，崤山、函谷关的险要坚固，还是同过去一样。陈涉（即陈胜）的地位，并没有齐、楚、燕、赵、韩、魏、宋、卫、中山的国君那样尊贵；锄头木棍没有钩戟长矛那样锋利；被贬调去守边的几百个兵卒，也抵不上九国军队那样强大；深谋远虑的才智，行军打仗的方法，也比不上先前的那些谋士勇将。然而拥有有利条件的却失败了，占据不利条件的陈涉反而得胜了，这是为什么呢？就是因为秦朝没有实行仁义的政治，形势就和以前完全不同了。

捷足先登

【成语释义】

比喻行动快的人先到达目的地，或先得到所求的东西。捷：快，敏捷；足：脚步。

【典故出处】

《史记·淮阴侯列传》。

【成语故事】

公元前197年，汉高祖刘邦亲自带兵征讨巨鹿郡（治所在今河北平乡县西南）的郡守陈豨（xī），要韩信随行，陈豨素来与韩信交往甚密，加之自己被贬为淮阴侯，对刘邦不满，便托病不去，留在长安。次年一月，有人向吕后告发韩信，说他要谋反。原来一个门客，因为冒犯了韩信，韩信要杀他。那个门客的弟兄就向吕后告发，说韩信与陈豨串通一气，主使陈豨谋反。吕后与萧何商量用计把韩信骗进长乐宫，就地杀死了。韩信临死的时候，眼望青天，长长地叹了一口气，说：『我悔不听蒯通（原韩信的谋士）的话，今天反倒受了妇人的欺诈！』

汉高祖打败了陈豨回到长安，听说了韩信临死时说过的话，就吩咐曹参把蒯通拿来治罪。蒯通被捉拿到长安后，刘邦审问他说：『你曾要淮阴侯谋反吗？』蒯通说：『是有这个事儿，那是在楚汉相争的时候，我曾劝韩信自立为王，三分天下。』刘邦火了，要杀他。蒯通便为自己辩白说：『秦之纲绝而维弛，山东大扰，异姓并起，英俊乌集。秦失其鹿，天下共逐之，于是高材疾足者先得焉。……当是时，臣唯独知韩信，非知陛下也。且天下锐精持锋欲为陛下所为者甚众，顾力不能耳。又可尽烹之邪？』

纲绝而维弛：指国家的法度废弛，政权瓦解；山东：战国时泛指秦国以外的六国土地；鹿：比喻皇帝的位置，引申为政权。这段话的意思是：秦王朝的残暴，使人民纷纷起义。眼看秦王就要失去帝位，大家都在争夺，结果是本事大而步子迈得快的人先得到了。那时候我只知道韩信，并不知道您啊。普天下当时想夺取秦朝政权的人多得很，您能把他们全部杀了吗？

汉高祖转怒为笑，对手下人说：『他倒是个忠臣哩！』便免了蒯通的罪，还要他做官。蒯通推辞说：『我哪还有脸再做官？请皇上看在韩信过去的功劳份上，赏给他一块坟地，我就谢您的大恩了。』汉高祖答应，让蒯通按照楚王的礼仪把韩信的尸骨葬在淮阴。

得陇望蜀

【成语释义】

比喻得了这个、又想那个，总不知足。陇：古代地名，今甘肃省东部；蜀：古代地名，今四川省中西部。

【典故出处】

《后汉书·岑彭传》。

【成语故事】

岑彭，字君然，东汉棘阳（今河南新野）人。在王莽篡夺西汉政权自称皇帝的时候，他做过棘阳县的主官。后来归附刘秀，替刘秀打了不少胜仗，被封为归德侯。他是汉光武帝身边的一员大将。

公元32年（汉光武帝建武八年），刘秀亲率大军讨伐占据陇右（今甘肃东部地区）的隗（wěi）嚣。隗嚣被打得大败，丢了十六个县城，十几万士兵，被迫带着妻子逃到西城（今甘肃天水市南）。这时候，占据蜀地（今四川中西部地区）的公孙述派兵支援隗嚣，兵进到上邽（guī，即今甘肃天水市）。汉光武帝再次写信给隗嚣，招他归附汉朝，隗嚣不肯。接着，汉光武帝便派吴汉、岑彭围住西城，自己亲率大军围住上邽。

可是，正当两路大军猛攻西城和上邽的时候，关东的颍川郡（今洛阳东南的五百里）发生叛乱，河东郡（今洛阳西北五百里）也有士兵叛变。这两个地区出了事，京都洛阳也引起了波动。汉光武帝不得不马上离开上邽，日夜兼程地赶回洛阳。他在路途中，给岑彭写了一封信，说：『如果西城和上邽打下来了，你们就马上带领兵马往南去征伐蜀地。人的毛病恐怕就在于总是不知足，我的毛病也在于「既平陇，复望蜀」（既然平定了陇右，又希望去平定蜀地）。每发一回兵，我的头发和胡须也总是白了一些。可是不这么干，怎么能实现天下的统一呢？』

得过且过

【成语释义】

比喻工作马虎应付，不负责任。得过：能过下去；且：暂且。

【典故出处】

《南村辍（chuò）耕录·寒号虫》。

【成语故事】

有一个寓言故事：五台山上曾经有过一种叫寒号虫的鸟，这种鸟长得像大蝙蝠，体长一尺多。它虽然长着四只脚，但却走不快；它虽然有一对肉翅膀，但又不会飞。它拉出的粪，就是一种名叫五灵脂的药品。每当盛夏时节，寒号虫身上长满五颜六色、光彩耀目的羽毛，挺丰满，很漂亮，因此便自鸣得意地叫着：『凤凰不如我！凤凰不如我！』

冬天将至，百鸟都忙着衔草搭窝防寒，唯有寒号虫仍然不停地跳着唱着：『得过且过！得过且过！』深冬严寒，寒号虫那美丽的羽毛全部脱落了，难看得好像一只没长好毛的小鸟，无法抵御严寒。一到夜间只好躲在石缝里，浑身哆哆嗦嗦地哼唧着：『哆罗罗，哆罗罗，天明时候搭个窝。』寒夜过去，太阳出来了，寒号虫又忘掉了自己的诺言，仍不停地跳着唱着：『得过且过！得过且过！』

得心应手

【成语释义】

比喻技艺纯熟，或做事非常顺手。得心：摸索到规律；应手：顺手。

【典故出处】

《庄子·天道》。

【成语故事】

有一天，齐国的国君齐桓公在堂上读书。堂下有个叫扁的工匠正在做车轮，人们都称他『轮扁』。他看见桓公端坐在那里看书，便放下工具，走上去问道：『请问大王您看的是什么书？』

桓公应声答道：『我读的是圣人的书。』

『圣人还活着吗？』

『早死了！』

轮扁很不屑地说：『那么说，大王所读的书，不过是古人的糟粕而已。』

桓公听了，很生气，说：『你这个工匠胆敢胡言乱语，如果说得有理便罢；讲不出道理来，我绝不饶你！』

轮扁从容不迫地说：『好吧！就拿我做车轮这门手艺来说吧！我的斧头砍木为轮，「不徐不疾，得之于手而应于心」（意思是：不慢不快，心里怎么想的，手里就怎么做出来）！这种熟练的技巧只能是在实践中养成的，我的嘴是难以表达出来的，有些道理也只有通过自己的实践才能体会得到，光靠看古人留下来的书是不成的，因为那已成为过去的东西了。』

得意忘形

【成语释义】

比喻欢乐得失去理智，或高兴得失去了常态。得意：欢乐，高兴；忘形：失去常态。

【典故出处】

《晋书·阮籍传》。

【成语故事】

三国时候，魏国有一位文学家和思想家叫阮籍，字嗣宗，陈留尉氏（今河南尉氏）人。他曾出任步兵校尉，所以又称阮步兵。阮籍在文学上与当时的名士嵇康齐名，他与嵇康等七人结为好友，经常相聚在竹林之下，饮酒吟诗，后世称他们为『竹林七贤』。

阮籍很爱读书，能诗又能文，为人豪放，不拘小节，有时在家读书，可以几个月不出家门；有时又外出游玩，十天半月都不回家。在哲学上，崇信老庄思想。认为『天地生于自然，万物生于天地』，蔑视礼教，常以醉酒的办法，蔑视『礼俗之士』，在当时复杂的斗争中借以保存自己。因而，他常常在痛饮之后，『当其得意，忽忘形骸，时人谓之痴』。意思是：每当他感到快乐的时候，就发疯似狂，竟连他自己是什么样子都不知道了。所以，人们都说他痴。

得道多助，失道寡助

【成语释义】

坚持正义，必将能得到多方的支持与帮助，违背正义，必然陷入孤立无援的境地；现多用来说明战争胜败的原因，在于是否具有正义性。

【典故出处】

《孟子·公孙丑下》。

【成语故事】

有一次，孟轲在同学生们谈论作战中天时、地利与人和的关系时，反复论证说明了：『天时不如地利，地利不如人和。』

天时，指的作战中的有利时机，包括时间、气候；地利指有利的地形、地势；人和：指内部的团结，人民的拥护。这个论断的意思是：在作战中，有利的时机，不如有利的地势；有利的地势，又不如人心归向，内部的团结一致。由此，孟轲又引申一步地指出：『域民不以封疆之界，固国不以山谿之险，威天下不以兵革之利。得道者多助，失道者寡助。寡助之至，亲戚畔之；多助之至，天下顺之。以天下之所顺，攻亲戚之所畔，故君子有所不战，战必胜矣。』

域：本疆域，这里作动词，含限制、约束的意思；封疆：国土；谿：同『溪』，山中的沟谷；至：极点；畔：同『叛』。

这段话的意思是：要防止人民逃跑，不能靠疆界；巩固国防，不能靠山谷的险要；统治天下，不能靠武器的锋利，关键在于能否得到正义。得了正义，就能得到众人的支持与帮助；违背了正义，就必然陷入孤立无援的境地。帮助和支持的人少到极限，连亲属也要背叛；帮助和支持的人多到最后，整个天下也会归顺。用整个天下人支持的强大力量，去攻伐连亲属也背叛了的孤立无援的敌人，一个好的君王，不战则已，战就能胜。

脱颖而出

【成语释义】

比喻人的才能全部显示出来。颖（yǐng）：尖儿。

【典故出处】

《史记·平原君虞卿列传》。

【成语故事】

公元前260年，秦、赵两国长平一战，赵括率领的四十余万军队，全军覆没。秦军长驱直入，赵国的京城邯郸被包围，赵国危在旦夕。赵孝成王急忙派出他的弟弟平原君赵胜去楚国求援。

事关赵国存亡的大事，平原君准备带二十名最精干的文武随员同往。他在自己的数千名门客中挑来挑去，只选中十九名，还有一名却再也挑不出来了。这时，有个叫毛遂的门客，走到平原君面前，自我推荐说：『我听说您将要到楚国去搞合纵，约定只带二十人一起去，现在还缺一名，我希望能同你们一道，凑足数目，一块去吧。』

平原君不认识毛遂，便问：『先生在我这里几年了？』

毛遂说：『三年了。』

平原君摇摇头说：『三年？不行啊！一个有才能的人处在世上，就好像锥子放在袋子里边一样，它的尖子会一下子露出来。而先生在我家三年了，可我从来没有听人说起过你。这说明你没有什么本事，先生还是留在家中吧！』

毛遂从容地申辩说：『臣乃今日请处囊中耳。使遂蚤（同「早」）得处囊中，乃脱颖而出，非特其末见而已。』意思是：我今天是特意来请您把我放进袋子里去的啊！假如我这只锥子早能放进您的袋子里，那就不只是露出一个尖子，而早就会像谷穗脱苞那样，完全现出来了。

平原君最后同意带着毛遂出发了。起初，那十九个人都不拿毛遂当回事。但是，当赵、楚两国谈判陷入僵局的时候，毛遂却冒着生命危险，手按宝剑，挺身而出，在盛气凌人的楚王前面慷慨陈词，申明大义，促使楚王与平原君当场就缔结了盟约。不久，楚国和魏国的援军两路进击秦军，才解了邯郸之围。

事后，平原君感慨地说：『毛遂三寸之舌，胜百万军队，他一到楚国，我们赵国的威望就大大提高。我观察的人才不算少了，但竟然错看了他。』

欲速则不达

【成语释义】

比喻片面性急图快，不顾及质量和效果，违背了客观规律，反而达不到目的。

【典故出处】

《论语·子路》。

【成语故事】

春秋时候，孔子的学生子夏要到鲁国的莒父去做官，临行前向孔子请示管理政事的办法。孔子就针对子夏平时有只看眼前的小利和性情急躁的毛病嘱咐他说：『无欲速，无见小利。欲速则不达，见小利则大事不成。』意思是：你到那里以后，办事不要只图快，也不要为小利小惠所诱惑。不论做任何事情都要循序渐进，片面的性急求快，结果会把事情办糟，反而达不到目的；如果只贪图眼前的小利，目光短浅，就会耽误大事。

梁上君子

【成语释义】

盗贼的代称。现在也有用来比喻上不着天、下不着地的脱离实际的人。

【典故出处】

《后汉书·陈寔（shí）传》。

【成语故事】

东汉时颍川郡许县有一个叫陈寔的人。他为人比较公正，办事公道，乡邻有什么口角、争执之类的事，总喜欢找他去评判是非，类似于现在的仲裁。

有一年，河南一带灾情严重，百姓缺粮，饥民到处都是。一天夜里，有个小偷钻进陈寔家偷东西，爬到堂屋的梁上躲藏了起来。陈寔暗中窥见了，并没有吱声，他想：『这个小偷虽说行为不正，并不是生下来就变坏了，应该帮助教育他改正。』于是，他就装着没有看见，若无其事地起了床，把儿女子孙们统统唤到堂屋里，态度严肃、语气严厉地教训他们说：『夫人不可不自勉。不善之人未必本恶，习以性成，遂至于此。梁上君子者是矣！』意思是：一个人在任何时候，都要严格地要求自己。所谓坏人，也并不是生就的坏，但沾染了坏习惯，又不能克制自己，就会变坏的。那个梁上君子不就是这样的吗？

梁上的那个小偷，自知已被主人发现，听了陈寔指桑骂槐的一番教训，更是又惊又喜，连忙从屋梁上跳下来，向陈寔叩头请罪。陈寔和善地开导他说：『我看你不像坏人，应当很好地改掉这恶习。不过，这大概也是由于贫困造成的吧。』说罢，就命家人取来两匹白绢送给小偷。小偷再三叩谢而去。从此以后，这一带，就很少发生偷盗的事情了。

掷地金声

【成语释义】

扔到地上会发出铿锵响亮的声音，形容文章质量之高妙，语言铿锵有力。也作『掷地金石声』。

【典故出处】

《晋书·孙绰传》。

【成语故事】

晋朝的孙绰为人散漫、旷达不羁，但颇有文才。他在门前种了一株松树，常在那守护。邻人讥讽他道：『你这株松树长得倒不错，可惜太小，恐怕不会有当栋梁的日子了。』他回答道：『你的枫树柳树长得都合抱了，也没见有什么用啊！』

孙绰和当时另一名士习凿齿是朋友。有一次，两人同行，孙绰在前，回头对习凿齿说：『沙之汰之，瓦石在后！』习凿齿的嘴也不饶人，马上答道：『簸之扬之，糠秕在前！』

孙绰曾在会稽（今浙江绍兴）住过相当长的时间，他整天游山玩水，玩了十多年，写出一篇《遂初赋》。后来又写了一篇《天台山赋》，这是他的代表作，措辞用句，十分认真，他自己也非常得意。写成之后，他就拿去给朋友范荣期看，说：『你试试，这文章掷地当作金石声！』范荣期笑道：『你这金石声是什么音调，合不合节拍呢？』但当范荣期开始阅读时，就不得不承认这确是一篇优秀的作品，每读到佳句，还要赞叹几句。

十二画

啼笑皆非

【成语释义】形容令人哭笑都不是的尴尬处境。

【典故出处】唐人孟棨《本事诗·情感》。

【成语故事】

隋文帝杨坚兵伐南朝陈国的时候，陈朝后主陈叔宝的妹妹乐昌公主和她的丈夫徐德言，眼见大势已去，预料到陈亡后夫妻将会被迫分离。徐德言便把一面铜镜敲破，各执其半，作为日后互相寻找的凭证，并与妻子约定说：『万一将来真有那么一天，你一定要在翌年正月十五那天，到京都的街市上去卖那半面镜子，我如果在世，这一天就去大街寻访。』

陈朝灭亡后，夫妻果然失散了。乐昌公主为隋越国公杨素所得，深得杨素的宠爱；徐德言流离辛苦，最后也到了隋朝的首都长安。他按前约去大街寻访，果见有一个奴仆装束的人，拿着半面破镜求售，又跟自己的另半面恰恰相合。于是徐德言就在破镜上题了一首《破镜诗》：

镜与人俱去，镜归人不归。
无复嫦娥影，空留明月辉。

嫦娥：原指月宫仙女，这里指乐昌公主。

诗的大意是：当年国破家亡之时，你是带着镜子一起离去的，今天半面铜镜回来了，可人却不见归来。也许再也看不见月宫嫦娥的身影了，只留下那明月的清辉。

这位卖镜的老人把镜子带回去，乐昌公主一见徐德言的题诗，万分悲痛，哭得吃不下饭。杨素知道了这件事，就召见了徐德言，并同他、乐昌公主一起饮酒，准备让他们夫妻重新团聚。席间，杨素也要乐昌公主作诗。此刻，乐昌公主的处境本来是异常难堪，在权势显赫的杨素面前，诗句稍有失当，不仅她与徐德言难以团聚，而且还会性命难保。经过片刻深思后，乐昌公主便吟咏道：

今日何迁次，新官对旧官。
笑啼俱不敢，方信做人难。

迁次：迁居；官：官人，即丈夫；新官：指杨素；旧官：指徐德言。

诗的大意是：今天又要迁居了。面对着我的新官人与往日的夫婿，使我哭笑都不是。此刻，方才知道做人真难啊！

这首诗将自己真实的感情委婉含蓄地表达了出来。杨素听后，也很同情。便让乐昌公主与徐德言夫妻团聚，回到了江南。

此后，又过了二百多年，唐朝著名诗人李商隐还为此写了一首五言诗《代越公房妓嘲徐公主》，以开玩笑的口吻，表达了对当时乐昌公主的处境的同情。诗写道：

笑啼俱不敢，几欲是吞声。
遽遣离琴怨，都由半镜明。
应防啼与笑，微露浅深情。

诗的意思是：乐昌公主啊，你嬉笑、悲啼都不敢，实际是在饮泣吞声。你对原来的夫婿别后的真情与记惦，这半面镜子就可以说明了。可是你也得注意无论是哭还是笑，都不要显露出对原来丈夫的深情和对新丈夫的薄情，不然是会招来横祸的。

筚路褴褛

【成语释义】

驾着柴车，穿着破衣，去开发荒山野林。形容俭朴的创业生活和艰苦的奋斗精神。筚（bì）路：就是用荆竹树枝等编制成的大车，或者叫作柴车；褴褛（lán lǚ）：破烂的衣服。

【典故出处】

《左传·宣公十二年》。

【成语故事】

春秋时，郑国地盘较小，处于晋、楚两大国之间。北方的晋国和南方的楚国，为了争夺郑国，矛盾很大。郑国既害怕楚国，也不敢得罪晋国，处境十分为难。

这年春天，楚国攻打郑国，郑国抵挡不住，只得向楚国求和。晋国得到消息，立刻派兵抗楚救郑，目的是要把郑国争取过来，使他归附晋国。可是晋军还没渡过黄河，郑国已经屈服，楚军也准备胜利回师了。晋军的中军主将荀林父等部分将领，便主张停止进军。而中军副将先縠和另一部分将领却不同意，于是发生了争执。

晋军暂驻在敖、鄗二山之间；郑国派人到晋军营中去声明：『我们郑国向楚国求和，不过是为了不致亡国，丝毫也没有对晋国不友好的意思。』还说：『楚军轻而易举地得了胜利，因此骄傲了，部队也放松戒备了。你们如果趁此追击，加上我们从旁助战，定可把楚军打得大败。』

先縠高兴地说：『对呀，此时正是打败楚军，夺回郑国的好时机！』然而，下军副将栾书却说：『不行，楚国经常教诫全国军民，要发扬他们祖先「筚路褴褛，以启山林」的精神，勤俭建国，艰苦奋斗。有什么理由说他们骄傲了，放松戒备了？况且郑国劝我们攻打楚军，其实也并不是真心向着我们。要是我们打胜了，他固然会讨好我们，要是楚军打胜了，他还不是又要向楚国投降，我们怎么可以相信郑国的话呢？』

跋山涉水

【成语释义】

形容远行的艰难困苦。跋山：翻山越岭；涉水：过河。

【典故出处】

《诗经·鄘风·载驰》。

【成语故事】

这首诗的作者是许穆夫人，她有见识，有魄力，热爱祖国。许穆夫人是春秋时卫懿公之女，许穆公的妻子。这首诗大约作于周惠王姬阆十八年（前659年），狄灭卫的第二年。这时许穆夫人的哥哥毁做了卫国的国君，暂时落脚于曹（今河南滑县南），后即为卫文公。许穆夫人在许听说自己的祖国被狄灭，其残部被赶过黄河在曹暂时落脚，非常痛心，便很想亲自到卫国来慰问，并向大国求援。可是遭到了许国君臣的反对，她的愿望未能实现。从而作了此诗来抒发热爱祖国的忧愤之情。对此，史料有明确的记载，《诗序》说：『《载驰》，许穆夫人作也。闵其宗国颠覆，自伤不能救也。卫懿公为狄人所灭，国人分散，露于漕（即曹）邑。夫人闵卫之亡，伤许之小，力不能救，思归唁其兄，又义不得，故赋是诗也。』

《载驰》是《国风》里的名篇之一，共四章，首章是许穆夫人假想在卫国告急之时，自己驰马回卫去慰问；第二、三章为埋怨许国君臣不支持自己的想法，斥责他们幼稚、轻狂；第四章也是设想向大国提出救援，照自己想法去做。诗的全文是：

载驰载驱，归唁卫侯。驱马悠悠，言至于漕。大夫跋涉，我心则忧。

既不我嘉，不能旋反。视尔不臧，我思不远。既不我嘉，不能旋济。视尔不臧，我思不閟。

陟彼阿丘，言采其蝱。女子善怀，亦各有行。许人尤之，众穉且狂！

我行其野，芃芃其麦。控于大邦，谁因谁极？大夫君子，无我有尤。百尔所思，不如我所之！

载：又；唁（yàn）：吊失国；大夫：指来许告急求救的卫国大夫；跋：翻山；涉：蹚水；既：尽；嘉：赞同；旋反：指返回卫国；臧：善；远：指迂阔，不符合实际；旋济：指回卫国；閟：懂慎；陟（zhì）：登；

阿丘：高冈；蝱（méng）：草名，贝母；尤（yí）：责备；穉：同『稚』；芃芃（péng）：蓬勃地。

诗的大意是：赶着马儿驾着车，快快地奔驰，回去慰问那失了国的卫侯。马儿飞快地奔跑着，我想去曹邑。卫国大夫跋山涉水来告难，我心中无比的忧愁。

你们不赞成我走，我不能返回卫国；可看你们也没有什么良策，我的想法并没有什么不切实际。你们不赞成我走，我就不能归返；看你们也没有什么良策，我的想法也不是行不通的。

登上那边的高冈，把贝母采一趟；妇女们多愁又善感，也各有她们的主张。许国君臣责难我，真是幼稚而轻狂。

我走在卫国的原野上，麦苗儿蓬蓬勃勃地生长着。我要向大国救援，可谁能来援助？你们这些大人先生啊，莫再以为我荒唐。任你们百般地思量，也不如我考虑得周详。

程门立雪

【成语释义】

形容尊敬老师，诚恳求教。

【典故出处】

《宋史·杨时传》。

【成语故事】

北宋时候，洛阳人程颢（hào）与他弟弟程颐，合称『二程』，同是宋代著名的理学（也叫道学，是宋代儒家的哲学，影响很坏，是对儒学的消极面的发展）大师。『二程』和另一位理学权威朱熹，成为一派之首，号称『程朱』。在宋神宗赵顼在位的熙宁（公元1068年—1077年）和元丰（公元1078年—1085年）年间，程颢与程颐，大讲孔子和孟子的儒学精义。当时，黄河、洛河之间（今河南中部）广大地区的读书人，都纷纷地来拜他们为师，听他们讲学。这时候，南剑将乐（今福建将乐县）人杨时（字中立），虽然已经考上了进士，朝廷也任命了官职，他却不去上任，而到颍昌（今河南许昌市）以师侍程颢，继续上学。杨时学习很认真，严谨、诚恳、谦虚，他同程颢的师生关系十分好，二人在一起，都觉得心情非常舒畅。当杨时要回去的时候，程颢望着他远去的背影说：『我的学术思想传播到南方去了。』

过了四年，程颢死了。杨时听到这个消息后，悲痛之余，就在屋里设了程颢的灵牌，在寝室的门外哀痛地号哭。就在这个时候，他又去洛阳拜见程颐。当时，杨时已经四十岁了。有一天，他与游酢（zuò，北宋时的学者，姓游，字定夫）去见程颐，『颐偶瞑坐，时与游酢侍立不去，颐既觉，则门外雪深一尺矣』。瞑（mián）：小睡。意思是：杨时与游酢来到程家时，正巧遇上程颐闭目养神，坐在那儿打盹。杨时便与游酢恭恭敬敬地站在门外，肃然侍之，一声不吭地等着。等到程颐醒来，门外的积雪已经积了一尺多深了。

落井下石

【成语释义】

比喻趁人危难之时，加以陷害。

【典故出处】

唐代韩愈《柳子厚墓志铭》。

【成语故事】

墓志铭是一种悼念死者的文体。它包括『志』和『铭』两部分。『志』是用散文的笔调写出死者的姓名、籍贯、生平；『铭』则是以韵文对死者赞颂、哀悼。韩愈在《柳子厚墓志铭》中，赞颂了柳宗元（字子厚）关心人民疾苦、对朋友重信义、舍己为人的精神之后，接着对比一些士大夫的为人时写道：

呜呼，士穷乃见节义。今夫平居里巷相慕悦，酒食游戏相征逐，诩诩强笑语以相取下，握手出肺肝相示，指天日涕泣，誓生死不相背负，真若可信。一旦临小利害，仅如毛发比，反眼若不相识；落陷阱，不一引手救，反挤之又下石焉者，皆是也。

相征逐：交往宴饮甚密；诩（xǔ）诩：融洽地集合在一起；可信：很真诚；毛发比：如毛发一般细小；引手：伸手。

这段话的意思是：啊，人们在穷困苦难中方能显示出节操和义气。现在有些人平安无事的时候，相爱友好，经常在一起宴饮玩乐，互相很融洽地凑在一起，甜言蜜语地强作欢笑，装出谦恭的样子，握手言欢似乎肝胆相照，指着天日流着眼泪，发誓不论生死都彼此不背弃，显得很诚实真切。然而一旦遇到小小的利害冲突，哪怕只有毛发般细微，就立刻翻脸不认人，眼看着朋友掉进陷阱里，不仅不伸手救他，反而趁势将他往陷阱里推，又往下扔石头。这样的人，哪儿都有啊！

馋涎欲滴

【成语释义】

形容贪食或贪得的强烈欲望。涎（xián）：口水。

【典故出处】

北宋苏轼《将至湖州戏赠莘老》诗。

【成语故事】

这首诗作于熙宁五年（1072年）冬。莘老，即孙觉，高邮人，当时任吴兴（湖州）太守，与苏轼交情甚深。全诗共十二句，前八句写湖州时令风物，后四句以戏语作结。整首诗清新明快，充满欢愉之情。诗四至八句是：

顾渚茶芽白于齿，梅溪木瓜红胜颊。

吴儿脍缕薄欲飞，未去先说馋涎垂。

脍（kuài）缕：细切成丝的肉；吴儿：吴人。

诗的前两句称赞湖州顾渚山产的紫笋茶和梅溪山产的木瓜；后两句是说：吴人（湖州人）善于制作精致佳肴，脍缕又细又薄，人虽未到说起来就馋得口水往下淌。

惩前毖后

【成语释义】比喻要把以前的错误作为教训，使以后更谨慎些，不致重犯类似错误。毖（bì）：谨慎。

【典故出处】《诗经·周颂·小毖》。

【成语故事】

周朝的开国君王周武王姬发死后，他的儿子成王继承王位。当时，由于成王年纪很小，便由叔父周公姬旦帮助他管理国家大事。成王的另外两个叔父——管叔和蔡叔，对此很不满意，就到处讲周公的坏话，说周公要废成王，夺王位。周公为了不招惹是非，就主动离开了成王，暂住到别的地方去了。这时候，管叔和蔡叔又暗中勾结殷纣王的儿子武庚共同发动叛乱，企图夺取王位。成王便命令周公带兵东征，经过三年的征战才平息了叛乱。周公又帮助成王代管国事几年，待成王年纪稍大后，才交给他政权。

周成王在真正接管政权那天，朝廷里举行了盛典，成王还讲了话。有一首《小毖》的诗，就记述了当时的情景。成王在讲话中，曾回顾管叔等散布周公的流言蜚语的事，说：『予其惩而毖后患。』意思是：我一定要从以往的事情中吸取教训，小心谨慎，以免再生祸患。

根据这个故事，人们就把周成王这句话简化引申为『惩前毖后』。

善始善终

【成语释义】

比喻从始至终，从开头到结局都是好的。

【典故出处】

《庄子·大宗师》：『善妖善老，善始善终。』妖：原指初生的草木。这话的意思是：从开头到最后都是很好的。

【成语故事】

《史记》的作者司马迁在为西汉初年的重要谋臣、丞相陈平写完了《陈丞相世家》这篇传记后，曾经感叹地说：『丞相陈平年轻的时候，本来是崇尚黄帝、老子的学说的，但当时他的志向就已经很远大了。后来虽然也曾彷徨徘徊于楚（项羽）、魏（魏王魏咎）之间，最后归附了汉高祖刘邦。后来，他经常出奇计，排除祸患，解救国家的危难。到了吕后时，虽经许多变故，然而陈平竟自免于祸，保持荣誉，被称为贤良的丞相，这不是善始善终吗（原文是：「岂不善始善终哉」）？没有很高的智慧和谋略谁能这样呢？』

这段话简要地概括了陈平的生平。陈平，是秦末阳武（今河南原阳县东南）人。他年轻的时候，长得身材高大，仪表堂堂，和哥哥陈伯在一起生活，家里虽穷，但喜爱读书。陈伯在家种地，支持陈平外出求学，嫂子却嫉恨陈平不在家里从事生产劳动，抱怨地说：『有这样的叔叔，还不如没有。』陈伯一生气，就把妻子赶走了。

陈胜在大泽乡起兵反秦在陈县称王以后，派遣周市平定了战国时魏国那块地方，就立魏咎为魏王。陈平在此以前就投奔了魏咎，被任为太仆。但魏王很少采纳他的建议，陈平便离开魏王归从项羽。终因项羽不能用人，曾因功封为信武君的陈平，又挂印逃离了项羽，而归附了刘邦。陈平终于成了刘邦身边一个足智多谋的助手。在楚汉战争时期，他用反间计，离间了项羽和范增；建议刘邦权且封立韩信，调动韩信为灭项羽出力；说服刘邦广泛吸收并大胆任用有利于争夺天下的各方面人士。在汉初刘邦被匈奴围困在平城的关键时刻，又是陈平出奇谋才得脱离险境。刘邦去世后，吕后专权；吕后去世后，诸吕阴谋篡权作乱，陈平又和周勃等人一起诛灭了吕党，平息了内乱。刘邦之后，陈平历任惠帝、吕后、文帝三朝丞相，朝中接连出现的各种情况，陈平都灵活地应付过来了。纵观陈平的一生，可以说是善始善终的。司马迁也作了如此评价。

凿壁偷光

【成语释义】

原指凿开墙壁，借邻家的灯光读书；后多用来比喻勤学苦读。

【典故出处】

《西京杂记》卷二。

【成语故事】

西汉时候，有个叫匡衡的人，他很爱学习，但家里很穷，既没有钱上学，也买不起书，只好借别人的书来读。那个时候，书是非常贵重的，有书的人不肯轻易外借。匡衡就在农忙时节，给有书的有钱人家打短工，不要工钱，只求人家借几本书来读读。

过了几年，匡衡长大成人，成了家里的主要劳动力。他成天在地里干活，只有中午歇晌，才有点工夫看一点书，可时间太少了，他很想利用晚上时间多看些书。但他家实在太穷了，连蜡烛也买不起。『匡衡勤学而无烛，邻舍有烛而不逮，衡乃穿壁引其光，以书映光而读之。』意思是：匡衡正在发愁晚上读书，没钱买灯油的时候，有一天，他突然看见邻居家的灯光从壁缝里透过一线亮光来，便高兴地把墙缝挖大一些，借着透过来的灯光来学习。后来，匡衡终于成了一个很有学问的人。

逼上梁山

【成语释义】

比喻被迫进行反抗；也用来比喻不得已去做某件事。

【典故出处】

《水浒传》。

【成语故事】

北宋末年，风起云涌的农民起义，猛烈地冲击着以宋徽宗赵佶、太师蔡京、太尉高俅等为代表的封建统治集团。《水浒传》就是以描写这些农民起义为主要题材的长篇小说。它塑造了李逵、武松、林冲、鲁智深等水泊梁山英雄人物，他们的故事揭露了封建统治阶级的残暴和腐朽，揭示了当时的社会矛盾。《水浒传》的作者，一说为施耐庵，一说为罗贯中，再一说施耐庵作、罗贯中编次。施、罗两人均为元末明初人。

在梁山农民起义军里，林冲是武艺高强的头领。他原是高俅的部下，任八十万禁军的教头。高俅的干儿子高衙内在五岳庙看上了林冲的妻子，就想陷害林冲后霸占她。后来高俅以要看林冲的宝刀为名，把林冲骗入商议军机大事的白虎节堂，又以林冲带刀闯入白虎节堂图谋寻刺的罪名将其发配沧州。在充军沧州的路途中，高俅吩咐两个解差在野猪林杀害林冲，被鲁智深解救。林冲到沧州后，被分配去管理草场服劳役，高俅又派人放火烧场，妄图烧死林冲。这时，林冲知道自己的妻子早已自杀，在忍无可忍的情况下，便拔刀杀死了高俅的帮凶陆谦，在走投无路的情况下，被迫上了梁山加入了农民起义军。

强弩之末

【成语释义】

比喻强大的力量已经衰弱，起不了什么作用。弩：古代发射箭的机械；末：指箭飞行中的末程。

【典故出处】

《史记·韩长儒列传》，也见于《汉书·韩安国传》。

【成语故事】

西汉时代，匈奴不断侵扰边境，对汉王朝造成很大的威胁。

匈奴是游牧于阴山南北的一个古老民族。汉王朝建立时，匈奴正处在奴隶制阶段，奴隶主经常向四邻发动战争，掠夺人口和财物，先后将邻近许多部落占为己有。势力最盛时，其统治区域，东到兴安岭、辽河，西抵天山、祁连山，南接今河北、山西北部；拥有骑兵三十余万。匈奴奴隶主征服邻近部落后，就连年向汉王朝漫长的边境地区袭扰，在汉武帝以前基本上是对匈奴采取和亲政策，刘邦曾以宗室之女嫁给匈奴的单于。到汉武帝继位以后，力图依靠既有的实力，改变和亲政策，并在抗击匈奴的战争中取得了一些胜利。到公元前135年（汉武帝建元六年），匈奴不得不再次派使者前来请求和亲。

汉武帝便召集大臣们前来商量对策。有个叫王恢的将军，曾在边疆做过官，对匈奴的情况比较了解，不仅不同意和亲，还主张派兵去讨伐。他说：『过去朝廷同匈奴和亲，把公主嫁给单于，可是他们还是不守盟约，侵犯边界。还不如发兵去打他们一下。』

御史大夫（相当于副丞相）韩安国提出了和亲的政策。他说：『现在匈奴自恃兵力强大，又无固定的居住地方，我们没法用武力去征服他们。如果派大军去，奔走了几千里地，人困马乏的，而匈奴则可以以逸待劳。』韩安国还强调：『且强弩之极，矢不能穿鲁缟……非初不劲，末力衰也。』

鲁缟：古代山东出产的一种很薄的细绢。意思是：我们纵然兵力强大，但经过千里奔袭，也就像强弓射出去的箭，开初强劲有力，到后来恐怕连微薄的绢也穿不透；又似冲天而起的狂风，它的尾力连极轻的鸿毛都会吹不动的。因此，还是同意和亲的好。

多数大臣都认为韩安国说得在理，汉武帝也只好暂时同意和亲了。

朝三暮四

【成语释义】

指玩弄手法欺骗人，现多用来比喻反复无常。

【典故出处】

《列子·黄帝》。

【成语故事】

战国初年，宋国有一个叫狙（jū）公的人，很喜爱猴子，家里养了一大群。由于他经常接触这群猴子，日子长了，他能懂得猴子的心理，猴子也懂得他的话。这样，他更爱猴子了，宁肯节省家里人每天的口粮，也要把这群猴子喂养好。后来，家里渐渐地穷了，他只得把喂猴子的口粮也减一减，但又怕猴子不听话。于是，他就对猴子说：『与若芧（xù，橡子），朝三而暮四，足乎？』意思是：今后让你们早上吃三个橡子，晚上四个，够了吗？猴子们听了，认为太少，都很生气。狙公见此情景，沉思了一会儿，又马上改口说：『与若芧，朝四而暮三，足乎？』猴子们一听早上可以吃到四颗橡子，就以为增加了口粮，都趴在地上表示满意了。其实，无论是朝三暮四也好，还是朝四暮三也好，总的数目是没有变化的。后来，人们就根据这则寓言故事，把『朝三而暮四』简化成『朝三暮四』。

割鸡焉用牛刀

【成语释义】

杀只鸡何必用宰牛的刀。比喻办小事情用不着花大气力。也作『杀鸡焉用牛刀』。

【典故出处】

《论语·阳货》。

【成语故事】

孔子到了鲁国的一个小邑武城，他的学生子游，名叫言偃，当时在武城做官。

孔子听到了弹琴唱歌的声音，他微笑着说：『杀鸡何必要用杀牛的刀呢？』意思是，治理这样一个小地方，用不着施行礼乐教育。想不到子游却回答说：『从前我听老师您说过：「君子学习了礼乐，就会爱人，小人学习了礼乐，就好使唤了。」』孔子听了便说：『学生们，言偃的话是对的，我刚才的话只是和他开个玩笑罢了。』

道不拾遗

【成语释义】

原意是道路上有东西遗落，却没有人拾起来占为己有。形容人民生活富裕，社会风气淳朴。遗：失物。

【典故出处】

《韩非子·外储说左上》。

【成语故事】

商鞅是战国时期政治家。他在秦孝公时任秦国的宰相，因功劳显赫而封赐商地十五邑，故称商鞅。他制定了一系列新法，废除了维护贵族特权的旧法。这就是历史上有名的商鞅变法。

他坚决主张法律面前人人平等，不管是什么人，只要对国家有功，就应该予以奖励。他鼓励耕织，生产多的可免去徭役，他认为，贵族世袭的制度应该废除，应当按军功的大小给予不同的爵位等级，执法应该严明，不讲私情，以法为准。商鞅的变法遭到了贵族势力的反对，但在秦孝公的支持下，变法很快就推行开了。

一年以后，由于商鞅积极地推行变法，老百姓的生产积极性提高了，军队纪律严明，民风也变得淳朴起来，人们不随意拿取，夜不闭户，道不拾遗，秦国一天天强大了起来，别的诸侯都对秦国心存畏惧。

道听途说

【成语释义】

比喻路上听来的话，没有根据的传闻。道、途：均指路。

【典故出处】

《吕氏春秋·察传》。

【成语故事】

宋国有一户姓丁的人家，家中无水井，每天需专门派一人外出汲水。后来丁氏在家挖了一口水井，事后便高兴地对邻居说：『我挖井得了一个人呢。』邻人把这句话传开去了：『丁氏挖井，挖得了一个人。』从此成为新闻，一传十、十传百，传到了宋王那里，宋王不信，责令手下人直接去问丁氏。丁氏回答说：『挖了一口水井，就不要一个人整天在外汲水了，并不是说在井中挖出了一个人。』

另外《论语·阳货篇》载：『道听而途说，德之弃也。』意思是：在道路上听到的传言，便四处传播，这是有修养的人应该革除的作风。

根据这些记载和故事，后来人们引出了『道听途说』。

惴惴不安

【成语释义】

形容忧愁、害怕、心里不安。

【典故出处】

《诗经·秦风·黄鸟》。

【成语故事】

公元前621年，春秋五霸之一的秦穆公病死了。对于这位曾在秦国的发展史上起过重大作用的统治者的去世，国人都为之哀痛，举行了规模盛大的葬礼。按照当时的殉葬制度，光殉葬的人就有一百七十七人。在这批殉葬人中就有当时的一位姓子车的大夫的三个儿子：奄息、仲行和针虎（即三良）。在殉葬那天，有一位参加送葬的贵族，看到子车氏三兄弟临葬时恐惧的样子，深感同情。于是便为殉葬者写了《黄鸟》这首挽歌，把子车氏三兄弟殉葬时害怕的情景忠实地记述了下来，揭露了殉葬制度的罪恶。

诗的第一章是：

交交黄鸟，止于棘。谁从穆公？子车奄息。维此奄息，百夫之特。临其穴，惴惴其栗。彼苍者天，歼我良人！如可赎兮，人百其身。

交交：鸟鸣声；黄鸟：黄雀；止：停留，栖息；棘：酸枣树；从：跟随，这里指殉葬；子车奄息：子车是姓，奄息是名；夫：丈夫，男子；特：抵得上；临：到；穴：墓穴；惴（zhuì）惴：恐惧的样子；其栗：发抖的样子；歼（jiān）：灭，杀害；良人：善人，好人；人百其身：是指『以百人赎其身』的省语，或作自身愿死一百次。

这章诗的大意是：黄雀落在了酸枣树上，发出凄凉的叫声。是谁去为穆公殉葬呢？是大夫子车氏的儿子奄息。就是这个奄息，他的才能抵得上一百个男子。而今他走近坟墓，只吓得全身战栗。那高高在上的苍天啊，你就会残害善良的人！如果别人可以替换，啊，我愿死一百次来换子车奄息。

后来，『临其穴，惴惴其栗』被简化引申为『惴惴不安』。

悲欢离合

【成语释义】

比喻不同的心情和遭遇。

【典故出处】

北宋苏轼《水调歌头·丙辰中秋兼怀子由》。

【成语故事】

按照旧时的风俗，阴历八月十五日中秋节是赏月的日子。每逢中秋之夜，也是家人团聚的日子。宋神宗熙宁九年（1076年）的中秋之夜，因为反对王安石推行新法，外任密州（今属山东）地方长官的苏轼，他喝酒赏月，吟诗作赋，直到天亮。深夜里，他不禁怀念起多年不见面的弟弟苏辙（字子由），挥笔写下了这首思亲词。词的上片着重写赏月的感慨，下片就由赏月逐渐把重点转至对弟弟苏辙的怀念。这首词的原文是：

明月几时有？把酒问青天。不知天上宫阙，今夕是何年？我欲乘风归去，又恐琼楼玉宇，高处不胜寒。起舞弄清影，何似在人间。

转朱阁，低绮户，照无眠。不应有恨，何事长向别时圆。人有悲欢离合，月有阴晴圆缺，此事古难全。但愿人长久，千里共婵娟。

几时：何时；把酒：手持酒杯；宫阙：这里指神仙境地；琼楼玉宇：神话中的月宫；不胜：受不了；绮户：雕花的窗户；婵娟：原指传说中月宫里的仙女嫦娥，这里指月亮。

词的大意是：什么时候天上有圆圆的明月啊？我端起酒杯问问主宰万物的上苍。但不知天宫里，按照神仙们的历法，今晚是属于哪一年代的中秋啦？我本想乘风飞上天去，可又怕那月宫里太寒冷，让人受不了。还不如在人间饮酒作舞，这么自由。

月亮从楼阁的高处，慢慢地转过一座座朱楼，把它的光辉射进了雕花的窗户，照着我这个还没有入睡的人。月亮啊，你不会跟我有什么过不去的地方吧，为什么总是在我和弟弟分别之时圆呢？可是，事实上呢，人有悲欢离合的事情，也就像自然界有阴晴、月亮有圆有缺的时候一样，要想事事都十全十美，从来就是难以实现的。其实，只要弟弟和我都能够健康长寿，就是远隔千里，共赏明月，也是很美满的呀！

后来，人们把『人有悲欢离合』简化为『悲欢离合』。

量体裁衣

【成语释义】

比喻要根据实际情况来决定和处理问题。量：估量；体：身体。

【典故出处】

清代赵吉士《寄园寄所寄》。

【成语故事】

明朝嘉靖年间，北京城里有一个成衣匠，给人做的衣服，长短肥瘦，都很适宜。这个成衣匠的高明之处，就是在于他从不单单机械地量尺寸，定式样，而是善于根据穿衣人的性情、年龄、相貌，以至生理特征，来『定长论短』。

有一次，有位御史大夫要赶制一件进宫穿的朝服。这位工匠被请到了家里，工匠手脚利索地量好了他的身腰尺寸，又很有礼貌地问他：『你当官几年了？』御史不解地反问道：『你做衣服就是了，还问这个干什么呢？』成衣匠解释说：『相公如年轻任高职，必定性情高傲，走起路来挺胸凸肚，裁衣就要后短前长；如果做官将近半百，意气比较平静，衣服应当前后一般短长；如果做官年久准备隐退，大都意气消沉，走路不免弯腰曲背，衣服就要前短后长。体胖，腰要宽；体瘦，腰要窄；性急的，衣宜短；性慢的，衣宜长。所以，我如果不弄明白这些，怎么能做出称心合体的衣服来呢？』

量才录用

【成语释义】

比喻按才学、能力的大小分配适当的工作。量：估量；才：能力，知识。

【典故出处】

《汉书·董仲舒传》。

【成语故事】

董仲舒，是西汉广川（今河北枣强东）人。曾任博士、江都相和胶西王相。他是汉武帝举贤良文学之士而选拔出来的人才。

那是公元前141年，四十八岁的汉景帝染上重病死去后，汉武帝刘彻继承了皇位。汉武帝一即位，就下了一道诏书，搜罗人才，让丞相、御史、郡守、诸侯王亲等都来推举贤良之士。当时从各地送来京都的人可真不少，汉武帝就亲自考查他们的学问。这一来，朝廷变成了临时的考场。

汉武帝喜欢看文理通顺、辞藻丰富的文章，就让他们各人写一篇谈治理天下的文章。文章写好后，汉武帝一篇一篇地看，认为绝大多数都写得很平庸，只有董仲舒那篇文章写得好，反复地看了几遍，又单独地同董仲舒谈过两次。董仲舒又写了两篇。在这前后三篇文章里董仲舒认为：贤明的君王治理天下不是靠刑罚，而是靠文教。用仁义礼乐教化百姓，就能够使正气上升，邪气下压，老百姓就不会犯法、作乱。朝廷要搜罗人才，就得培养人才。而且要培养和选拔人才应该坚持『实试贤能为上，量材而授官，录德而定位』。意思是：要坚持选用贤能的人，根据他们的才、德而给予相当的官职。一块玉石不经过雕琢，就不会变成玉器。要培养人才，就要兴办学校，就得有一套统一的理论去教化人民。一个老师一个说法，一百家有一百家的道理，那就不行了。因而，董仲舒建议：除了孔子的学说以外，别的学说一律禁止。

董仲舒排斥百家，独尊儒术的主张，为汉武帝所采纳，从而就开始了以后两千多年我国封建社会以儒家学说为正统的局面。

根据这个故事，后来人们便把『量材而授官，录德而定位』简化为『量才录用』。

欺世盗名

【成语释义】

指以不正当的手段欺骗世人，窃取名誉。欺：欺骗；盗：以不正当的手段获取。

【典故出处】

《荀子·不苟》。

【成语故事】

战国时期著名思想家荀况，在他所著的《不苟》篇中，讲了这样两件事：

一件事是说，夏秋时卫国有个大夫叫史鱼，他屡次进谏卫灵公，均未被灵公采纳。为此史鱼很不甘心，直到他临死之时还嘱咐他的儿子说：『我多次规谏卫灵公重用蘧伯玉，不要用弥子瑕，他都不听。我作为一个大夫生前不能改正国君的过失，死后就不应成殓。』卫灵公很快就知道了这件事，很受感动，决心改过。

另一件事是说，战国时齐国有个叫田仲的人。他的哥哥在朝中做了大官，俸禄多有几万石，但田仲既不去做官，也不接受哥哥的周济，而靠自己种菜过活。

当时，这两人的异常举动，曾博得了不少人的称赞。但荀况却认为：『是非仁人之情也，是奸人将以盗名于暗世者也，险莫大焉。』意思是：这两个人都是盗名之人。像这样的狡诈之人，在动乱的时代以欺骗世人的手段去窃取虚名，危险是非常大的。

后来，荀况的这句话被简化引申为『欺世盗名』。

十三画

满城风雨

【成语释义】

比喻事情一发生，传播得很快，引起轰动，到处议论纷纷。

【典故出处】

北宋释惠洪《冷斋夜话》。

【成语故事】

黄州（今湖北黄冈市一带）人潘大临，勤奋好学，善于作诗，一生中写下了不少好诗。有一年秋季的一天，他正靠在床上闭目养神，忽然听到窗外风雨吹打树木的声音，十分美妙，不禁诗兴大发，但当他刚刚写下『满城风雨近重阳』这句诗时，催租子的人却闯进门来了。诗兴被破坏，这首诗也就再也写不下去。

恰巧，这时他在临川（今江西临川县）的朋友谢无逸来信问他最近有无新作。潘大临当即回信一封，把这件事告诉了谢无逸，信中说：『秋天以来的景物，件件都是美好的诗句，只恨被俗气所遮盖住了。我昨天闲躺着的时候，听到窗外风雨吹打着树林的声音，于是起身在壁上题诗道：「满城风雨近重阳」，突然，催租子的人闯了进来，败坏了我的诗兴，现在只好奉寄给你这一句诗。』

『满城风雨』就是从这个故事引申来的。开始多用作形容自然景物，后来用作贬义词。

愚公移山

【成语释义】

比喻做事要有决心，有顽强的毅力，不怕艰难险阻。

【典故出处】

《列子·汤问》。

【成语故事】

《列子》，相传是战国时期郑国人所作。原书早已失传，现在流传下来的本子共八篇，是东晋人张湛辑注的。《列子》一书的基本思想是道家学派的，主张虚无，宣扬顺应自然，消极颓废，无所作为的思想，但其中也保存了一些具有朴素唯物主义思想和辩证观点的古代优秀的寓言故事。《愚公移山》就是比较突出的一个。

《愚公移山》这个寓言故事说的是：古时有位老人愚公，快到九十岁了。他苦于家门前有两座大山；

一座叫太行山，一座叫王屋山，拦住道路。他下定决心要把这两座大山搬到别处去，打通道路。于是他就带着三个能挑担子的儿孙打石头，挖土，用畚箕把土石运到渤海边去。

当地有一个叫智叟的老头子看见了，认为这是办不到的，便讥笑愚公说：『你太傻了！凭着你这把老骨头和剩余的一点力气，连山上的草木都去不掉，还能把山搬掉？』愚公回答说：『我搬山的决心下定了，即使我死了，还有儿子，儿子生孙子，孙子又生儿子，可以一代一代地搬下去。而山呢？搬掉一担土，就少一担土，这样坚持下去，何愁挖不平呢？』

玉皇大帝被愚公的这种诚心和干劲感动了，便派来两个神仙把这两座山背走了。

根据这个故事，后来人们便概括出了『愚公移山』。

雷厉风行

【成语释义】

比喻推行政策法令的严格及迅速，或形容处事果断、积极。

【典故出处】

唐代韩愈《潮州刺史谢上表》。

【成语故事】

唐代文学家韩愈曾任吏部侍郎，他因为反对唐宪宗迎佛骨一事，被贬为潮州刺史。到任后，他给唐宪宗写了一封信，感谢唐宪宗对他的宽大，并在信里极力讨好、歌颂唐宪宗，说唐宪宗『即位以来，躬亲听断，旋乾转坤，关机阖开，雷厉风飞』。

后来人们把『雷厉风飞』引申为『雷厉风行』。

解铃还须系铃人

【成语释义】

比喻谁惹出来的问题，还得由谁去解决。

【典故出处】

明代瞿汝稷（jì）《指目录》卷二十三『法灯』。

【成语故事】

古时候有一个叫法灯的和尚，性情豪放，对于佛门的戒规，从不放在眼里，其他的和尚都看不起他。可是唯有法眼禅师对他很好，认为他是一个有见识的人。有一次，法眼问身边的人，说：『虎项金铃，是谁解得？』意思是：挂在老虎脖子上的金铃，哪个人能把它解下来。众人都回答不上来。正好法灯走了进来，法眼又重问了一遍，法灯应声回答说：『系者解得。』意思是：谁系上去的谁就能解得下来。

法眼连连点头，称赞地对众人说：『你们不可小看他啊！』

根据这个故事，后来人们便概括出了『解铃还须系铃人』。

数典忘祖

【成语释义】

比喻忘了事物的缘由；现在也用来比喻忘了本或对本国历史的无知。典：典籍，指古代的礼制、历史。

【典故出处】

《左传·昭公十五年》。

【成语故事】

春秋时期，晋国有个大夫叫籍谈，他家世代都是晋国掌管典籍文书的官吏。有一次，籍谈出使周朝，周天子景王设宴招待。宴饮间，周景王问籍谈说：『近来各诸侯国都有新的器物贡献，为什么晋国没有呢？』籍谈回答说：『晋国从来没有受过王室的赏赐，再加上地处深山僻壤，与戎狄为邻，财力物力都很紧张，哪里有器物贡献？』景王听了，生气地责备他说：『啊，你身为晋国司典的后代，竟然把本国的历史事实都忘记了。晋国的祖先唐叔不就是我们成王的弟弟吗？先前赏给唐叔的，不就有文王缴获的军鼓和战车，武王征战时的甲胄；赏给晋文公的，也有襄王的战车，以及武士、弓斧、美酒等。』籍谈无言以对。饮宴完后，周景王望着籍谈离去的背影，又讥讽地对左右说：『籍父其无后乎！数典而忘其祖。』意思是：籍谈大约要绝后了吧，竟然连自己的老祖宗都忘了。

后来，人们把『数典而忘其祖』简化成『数典忘祖』。

塞翁失马

【成语释义】

比喻看上去是好事，却可能变成坏事；看上去是坏事，却可能转化成好事；现常用指虽暂受损失，事后却因此得益。塞：边境；翁：老头。

【典故出处】

《淮南子·人间训》。

【成语故事】

从前，有一个善于占卜而又好骑马的老翁，住在国家的边境上。

这位老翁很懂得哲理。有一天，他家唯一的一匹马跑到胡人那边去了，村上的人都为他惋惜，可是唯独这位老翁对此满不在乎。他说：『这算不得什么。跑了一匹马，未必就不是一件好事。』

果然，没有过多久，他家的那匹马带着胡人的一匹骏马跑了回来。村里的人知道了，都来祝贺老翁喜得骏马。可老翁并不高兴，他说：『这也算不得什么。白得一匹马，也未必不会惹出祸事来的。』老翁的儿子，也喜欢骑马。有一次，老翁的儿子骑着那匹白得来的好马出去玩。可因为骑术不佳，从马上跌下来，折断了大腿骨。乡邻们听说后，又来安慰老翁。这位老翁不着急、不悲痛，还是那句话：『没有什么。孩子的大腿骨固然摔断了，也未必就是一件坏事情。』又过了一年，两个国家发生了战争，青壮年都被抽去打仗了，塞上的小伙子十之八九都战亡了。可塞翁的儿子因为腿瘸，没有上战场，父子俩相互照顾，落了个平安无事。

这个故事包含朴素的哲理，它告诉人们，好与坏、利与弊、福与祸等对立的双方，不是一成不变的，在一定条件下会向各自的对立面转化。

后来人们就由此引出了『塞翁失马』这句成语。

滥竽充数

【成语释义】

比喻没有真才实学，只是充数混日子；有时也用来表示自谦。

【典故出处】

《韩非子·内储说上》。

【成语故事】

齐宣王喜欢听吹竽（古时一种乐器，竹制，有点像现在的笙），而且每次总是叫三百人一起合奏。当时有个复姓南郭的读书人，自称精于吹竽，要求参加齐宣王的吹竽队。宣王很高兴地答应了他的请求，并且给他很高的俸禄。后来齐宣王死了，齐湣（mǐn）王即位，湣王虽说也很喜欢听吹竽，但不喜欢听合奏，爱听独奏。这时，这位南郭先生却悄悄地逃走了。原来他根本不会吹竽，以往每次吹竽时，他只不过是装模作样地做出吹奏的样子，混在吹竽队里凑数。现在要独奏，他不可能再混下去了，所以只好逃之夭夭。

根据这个故事，后来人们就概括引申出了『滥竽充数』。

暗送秋波

【成语释义】

原意是指暗中眉目传情，后引申为献媚取宠，暗中勾搭。多含贬义。秋波：形容美女的眼睛像秋天的水波一样清澈明亮。

【典故出处】

明代罗贯中的《三国演义》第八回。

【成语故事】

东汉末年，群雄并起，天下纷争，天子昏庸，朝中太师董卓『挟天子以令诸侯』，骄横不可一世。当时任司徒的王允决意除掉此贼。

王允有一歌姬，名貂蝉，天生丽质。王允有意让貂蝉与董卓的养子吕布相爱，让貂蝉为吕布陪酒，酒间貂蝉对吕布『秋波送情』，弄得吕布魂不守舍。后王允又使貂蝉与董卓见面，并许配董卓。为此，吕布为貂蝉与董卓结下冤仇，最后杀了董卓。

后来，人们从书中的『吕布欣喜无限，频以目视貂蝉。貂蝉亦以秋波送情』，概括出了『暗送秋波』。

暗箭伤人

【成语释义】

形容乘人不备，暗下毒手，伺机伤害别人。

【典故出处】

《左传·隐公十一年》。

【成语故事】

公元前712年（鲁隐公十一年），郑国的国君郑庄公得到鲁国和齐国的支持，准备去攻打许国（今河南许昌市）。这年五月间，郑庄公让人做了一面大旗，上面写着『奉天讨罪』四个大字。他把大旗插在一辆兵车上，然后下命令说：『能拿这面大旗者，就让他当先锋，并把兵车赏给他。』争夺的结果，郑庄公把大旗和兵车都赏给了一位不服老的老年将军颍考叔。一位青年将军公孙子都即公孙阏（è）非常嫉妒，一直怀恨在心。

这年七月，郑庄公正式下令出兵伐许，拜颍考叔为大将，公孙子都为副将，对此公孙子都心里很不服气。当郑国军队逼近许国都城时，颍考叔更是奋勇当先，手执大旗，跳上城头，准备继续进攻。正在这紧要关头，公孙子都眼看颍考叔又要立下大功，心里更加忌恨，便抽出箭来，对准颍考叔就射将过去，这位老将顿时连人带旗都滚落到城下。另一位将军瑕叔盈还以为颍考叔是被敌人射死的，为了给他报仇，连忙拾起大旗，指挥士兵，奋勇地打进城去。许国的国君许庄公扮成百姓逃到了卫国。

根据这个故事，后来就引申出了『暗箭伤人』。

滂沱大雨

【成语释义】

形容雨下得很大。

【典故出处】

《诗经·小雅·渐渐之石》。

【成语故事】

《渐渐之石》是写将士东征、劳苦自叹的诗。全诗三章，反复咏叹，可能是下级军官或士兵所作，主要感叹征途跋山涉水的辛劳。

渐渐之石，维其高矣。山川悠远，维其劳矣。武人东征，不遑朝矣。

渐渐之石，维其卒矣。山川悠远，曷其没矣。武人东征，不遑出矣。

有豕白蹢，烝涉波矣。月离于毕，俾滂沱矣。武人东征，不遑他矣。

渐渐：同『巉（chán）巉』，崖石险峻；悠：遥远；劳：劳苦；武人：将士；遑：暇；不遑朝：无闲暇之日；卒（cuì）：崔嵬，高险；曷：何；没：尽；豕（shǐ）：猪；蹢（dí）：蹄；涉波：过河；离：借作『丽』，靠近；毕：星名；俾：使；他：古作它，即他事。

诗的大意是：陡峭的崖石，是那样的高峻；山川遥远，是那样的使人劳苦。将士们一直向东进发，从没有过空闲的日子。

陡峭的崖石，是那样的高峻而危险；山川遥远，何处是它的尽头？将士们一直向东进发，无暇顾及今后能否出险啊！

这些白蹄子猪涉水过河，将要下很长时间的雨；月亮靠近毕星，将是大雨滂沱的征兆。将士们一直向东进发，眼下只担心会遭遇大水，还无暇顾及他事。

后来，『月离于毕，俾滂沱矣』简化引申为『滂沱大雨』。

嫁祸于人

【成语释义】

把祸害转嫁到别人身上。嫁：转移。

【典故出处】

《史记·赵世家》。

【成语故事】

赵国孝成王四年（公元前268年），韩国上党太守冯亭派使者求见赵王，说道：『韩国不能防守上党，想把上党纳入秦国。可上党的官民都甘心归附赵国，不愿意归附秦国。现有城邑十七座，愿统纳入赵国，任凭大王赏赐官民。』

赵王非常高兴，就召见平阳君赵豹，询问他：『冯亭要把上党纳入赵国，接受它好吗？』

赵豹说：『现在秦国正像蚕吃桑叶般慢慢侵吞韩国土地，从中间断绝了韩国，不让韩国与上党相通，自以为可以稳坐而接受上党的土地。韩国所以不把上党让给强大的秦国而主动送给赵国，实质上是想嫁祸给我们赵国。强大的秦国天天在打主意而得不到，弱小的赵国却坐收其利，这是无故之利，有害无益。』

鹏程万里

【成语释义】

形容志向远大，前程不可限量。鹏：传说中的一种大鸟；万里：远大，不可限量。

【典故出处】

《庄子·逍遥游》。

【成语故事】

《逍遥游》是《庄子》中的篇名之一。在这篇文章里，战国时著名的思想家庄周讲了这样一个寓言故事：古代北方大洋里有条大鱼，名字叫作『鲲』。后来，这条大鱼『鲲』又变成了一只大鸟，名为『鹏』。鹏鸟之大，让人无法估计，光它的背脊都弄不清究竟有几千里。每年六月，鹏鸟要飞往南海『天池』中去，它那翅膀一拍，双翼击水，能掀起三千里的大浪；乘着旋风一下子飞起，背朝青天，能上达九万里的高空。可是，小蝉和斑鸠却对大鹏这种展翅宏图的行为充满嘲讽，说：『我们愿飞就飞、想停就停。可鹏鸟何必要飞到九万里那么高呢？』斥鷃这种小雀也插嘴议论说：『鹏鸟要飞那么远干什么啊？像我这样地跳上跃下，不过几丈高；要飞，在蓬草丛中穿来转去，也算够逍遥了。可它究竟要飞到哪儿去呢？』

根据这个神话故事，就引出了『鹏程万里』。

痴人说梦

【成语释义】

比喻愚昧的人说荒诞的话；也用来讥讽人是凭荒唐的妄想说胡话。痴：呆，傻。

【典故出处】

宋释惠洪《冷斋夜话》。

【成语故事】

在唐高宗龙朔年间，有个来自外国的和尚，人们不知道他的姓名，也不知道他是哪个国家的人。有人问他：『汝何姓？』答曰：『姓何。』再问他：『何国人？』答曰：『何国人。』于是有些人就真以为他姓何，是何国人了。后来，这个和尚死了，李邕为他作墓碑，也不辨其言，便写上：『大师姓何，何国人。』

《冷斋夜话》的作者在记述了这个故事之后，感慨地说：『此正所谓对痴人说梦耳。』意思是：这就像是对痴呆的人说梦话，而痴人却信以为真。

《余墨偶谈》中也记载这样一个故事：

戚家有位公子，生性痴笨。一天早上，他从床上爬起来，便一把拖住进来收拾房间的婢女，嚷道：『昨天夜里你梦见我没有？』婢女见他懵懵懂懂的傻样，回答说：『没有。』霎时，这位公子气得破口大骂：『怎么？我明明在梦中看见你了，你为何要耍赖？』并拉着婢女去母亲那里告状：『这个痴婢该打，我昨夜明明梦见了她，她却说没有梦见我，这真是岂有此理！』

后来，人们便把『痴人说梦』引申为成语。

感恩图报

【成语释义】

感激别人对自己的恩惠，将设法报答。

【典故出处】

《古文观止·曾巩〈寄欧阳舍人书〉》。

【成语故事】

曾巩，字子固，北宋建昌南丰（今江西南丰县）人。曾巩是欧阳修的门生，他的文章从容周密而有条理，是古文『唐宋八大家』之一。宋仁宗嘉祐二年（1057年）中进士，历任越州通判，齐州、福州知州，在地方以善治理闻名，官至中书舍人（朝中负责审阅公事、草拟有关诏令的官吏）。

《寄欧阳舍人书》，是曾巩因欧阳修为其祖父曾致尧写了一篇墓志铭而写的致谢信。欧阳修于宋仁宗庆历八年（1048年）至次年四月曾以起居舍人的职称任地方官，故此信尊称为『欧阳舍人』，写信的时间也当于此时。这封信先从铭文与史传的对比说起，突出了铭文的特点与价值；继而批评了当时的铭文作者徇私情而对墓中人夸大溢美的不良习气，从而不能取信于人而降低了其应有的教化作用。然后对铭文作者提出了很高的修养要求，但这样的作者很难找到，这才归结到对欧阳修的赞美并向他致谢。文章写道：

然畜道德而能文章者，虽或并世而有，亦或数十年，或一二百年而有之，其传之难如此，其遇之难又如此。若先生之道德文章，固所谓数百年而有者也。先祖之言行卓卓，幸遇而得铭其公与是，其传世行后无疑也。而世之学者每观传记所书古人之事，至于所可感，则往往衋然不知涕之流落也；况其子孙也哉！

况巩也哉！其追晞祖德，而思所以传之之由，则知先生推一赐于巩，而及其三世。其感与报，宜若何而图之。

卓卓：高尚特出；䆲（xì）然：悲伤痛心的样子；晞（xī）：仰慕。

这段话的大意是：然而道德高又擅长写文章的人，虽然有可能存在于世上，但也要数十年，或者一二百年才有的哩。流传千古的铭文是多么难得啊，遇到真正能写铭文的人又是这么的不容易！像先生您的道德文章，真是所说的要隔几百年才会出现的啊！先祖父的言行卓然高尚，幸运地遇到先生才能够在铭文中把他的事迹写得公正而正确，他的事迹将传播并流行于后世是毫无疑问的了。世上的学习者，每逢看到传记上所写的古人事迹，遇到感动人的地方，就往往悲伤感慨不由得流下眼泪，更何况他的子孙呢！更何况我曾巩呢！我追慕先祖的德行，想到先祖的德行能够传世的原因，就更体会到先生对我的这一赐予，就是施恩惠于我家祖孙三代人，真不知要怎样设法感谢和报答先生才好。

后来，『其感与报，宜若何而图之』被简化引申为『感恩图报』。

谨言慎行

【成语释义】

指说话小心，行动谨慎。

【典故出处】

《战国策》。

【成语故事】

在汉朝人刘向编定的战国时代史料汇编《战国策》中，有一段『卫人迎新妇』的故事。这故事的梗概是：卫国有个人迎娶新媳妇，新媳妇刚一上车便问：『那拉边套的马，是谁家的？』赶车人回答：『借来的。』新媳妇关照地说：『好好照管人家的马，也别鞭打咱那驾辕的马。』车到了丈夫家门口，她被扶下车来，就对送她来的娘家佣人说：『快去把灶里的火弄灭，弄得不好会引起火灾的。』走到屋里，看到捣米臼，又说：『搬到窗根底下，在这妨碍往来走路的人。』这一来，婆家人对她就议论纷纷，招来阵阵嘲笑。这位新媳妇的三次话说得都很重要，大家之所以嘲笑，是认为她讲话不看对象，不分场合，并大有自己高明别人都是傻瓜的嫌疑。根据这个故事的主旨，现在多用『谨言慎行』来告诫人们：到了自己所不熟悉的地方，遇上自己还不太了解的事情，不要随便多嘴多舌，以免自讨没趣。

十四画

旗亭画壁

【成语释义】

形容文才略胜一筹。旗亭：酒楼，古代酒家筑亭道旁，挑旗门前，也称『旗楼』。

【典故出处】

唐代薛用弱的《集异记》。

【成语故事】

王昌龄、高适、王之涣都是唐玄宗开元年间的著名边塞诗人。有一次，他们一起到酒楼买酒畅饮。忽然有乐官十几个人，漂亮的歌女四人，上楼联欢、歌舞、奏乐。王昌龄他们私下互相约定说：『我们这些人都享有诗名，到底谁好谁差，我们无法定高下，今天就看各歌女所唱的诗，被谱作歌词多的就算优胜。』

过一会儿，一歌女唱『寒雨连江夜入吴』，王昌龄一听是自己的诗便伸手在壁上画了一道，说：『一首绝句。』不久，又一歌女唱『开箧泪沾臆』，高适伸手在壁上画一道说：『一首绝句。』又一歌女唱『奉帚平明金殿开』，王昌龄又伸手画一道说：『两首绝句。』

王之涣自觉得久有诗名，就对王昌龄、高适说：『这几个都是失意的乐官罢了。』接着指着歌女中最漂亮的一个说：『这个人所唱的如果不是我的诗，我就永远不敢和你们争高下了。』

过一会儿，那个女子开始唱了，唱的是『黄河远上白云间』，王之涣立即竖起拇指得意地对两人说：『乡下人，我没有说错吧！』

管鲍之交

【成语释义】

比喻友谊深厚的知心朋友。

【典故出处】

唐代杜甫《贫交行》诗。

【成语故事】

唐玄宗天宝五年（746年），杜甫西入长安应试求官不中，即困居长安达十年之久，直到四十四岁那年才勉强得到了一个看管兵甲器仗的小职务。在京都流落的穷困生活，使得他对当时官场中那种尔虞我诈、为人轻薄的情况有所了解；再想到史书上记载的春秋时管仲和鲍叔牙两位贫穷时的朋友，总是相互体谅，忠实相助。开始，他们一起经商，分取盈利时，管仲总得多拿一点，鲍叔牙知道管仲家穷，就并不认为他贪财；鲍叔牙曾托管仲办过几次事情，管仲不但没办成，而且把事情弄得更糟，鲍叔牙认为办事情难免会有不顺利的时候，并不以为管仲愚而无才；管仲三次参加作战，三次逃跑，鲍叔牙也并不认为管仲胆小怕死，因为他家里有老母，需要他奉养。所以管仲感叹地说：『生我者父母，知我者鲍子！』后来，管仲做了公子纠的师傅，叔牙做了小白的师傅，在小白和公子纠争位时，管仲险些射死小白。小白得胜当了国君，鲍叔牙做了齐国国君齐桓公的相国，他对管仲的才干有着深切了解，便极力向齐桓公推荐，求桓公赦免了管仲，并让管仲做了相国，自己心甘情愿地给管仲当助手，共同辅助齐桓公成就霸业。想想古人，再看看当时那些不讲信义的人的嘴脸，杜甫便愤然地写下了《贫交行》这首诗进行谴责。全诗四句：

翻手作云覆手雨，纷纷轻薄何须数。

君不见管鲍贫时交，此道今人弃如土。

后来，『君不见管鲍贫时交』被简化引申为『管鲍之交』。

管中窥豹

【成语释义】

多用来嘲笑眼界狭窄，只了解或看到事物的一小部分；也用作自谦之辞，称自己的意见或看法不全面。窥（kuī）：从小孔或缝隙里看。

【典故出处】

《晋书·王献之传》。

【成语故事】

东晋的时候，我国出了两位大书法家，一位是被后世称为『书圣』的王羲之，另一位是王羲之的儿子王献之。

献之自幼就聪明，练字也刻苦。从七岁起就坚持每天至少写三张大楷。有一次，王献之正在书房练字，他父亲悄悄地站在背后观看。过了一会儿，王羲之为了试探儿子的专心程度，伸过手去猛地拔他手里的笔管，可是没有拔动。王羲之很高兴，他兴奋地对妻子说：『献之这孩子很有出息，练字时精力集中，旁若无人，握笔不懈，运笔有力，如此苦练数年，必定能写出一手好字来。』

的确，王献之在少年的时候，做事就认真，爱动脑筋想问题。有一次，他父亲的几个学生在书房里玩类似赌博的一种游戏，他在旁边看，忽然有所悟地插嘴说：『南风不竞（南风：南方的音乐；不竞：乐声低沉。语出《左传》，多用来比喻竞赛中一方的力量不强），一方赢不了。』学生们便嘲弄他说：『此郎亦管中窥豹，时见一斑！』意思是：这孩子从一个竹管里观看豹子，虽说窥不到豹的全身，有时也能看见豹子的一处斑纹，还能说出一句内行话来呢。

根据这个故事，人们把『此郎亦管中窥豹，时见一斑』简化引申为『管中窥豹』。

锲而不舍

【成语释义】

比喻学习、做事能坚持不懈，就有成效。锲（qiè）：刀刻；舍：舍弃，间断。

【典故出处】

《荀子·劝学篇》。

【成语故事】

战国末期的赵国，出了一位著名的思想家，他的名字叫荀（xún）况，又称荀子。荀况具有朴素的唯物主义思想和进步的社会观。他认为人可以摸索自然界的规律，从而利用自然，改造自然；他还认为社会是在不断进步的，人应该顺应社会的发展规律，推动社会向前发展。

荀况虽然出生在赵国，但他的后半生都在齐国的都城临淄传播自己的学说。由于他的学识比较渊博，对事物有独到的见解，话讲得既通俗易懂，又形象深刻，所以好些人都来向他请教学习方法。荀况就针对不同人的情况讲了许多很有创意的道理。后来，他把这些见解集中起来，加以整理，写成了《劝学》。在文章里，荀况在劝勉人们要坚持不断地学习的时候，就作了这样一些生动的比喻：

骐骥一跃，不能十步；驽马十驾，功在不舍；锲而舍之，朽木不折；锲而不舍，金石可镂。

骐（qí）骥（jì）：良马；驽（nú）马：劣马；驾：马拉车一天；镂（lòu）：雕刻。

这段话的意思是：骏马跳一次，也不能有十步远；劣马拉车十天，也能走很远的路程，功效就在于不间断。用刀子刻东西，如果刻一会儿就放下，即使是一块腐朽了的木头，也雕不出什么东西；如果坚持刻下去，就连金属玉石这样坚硬的东西，也可以雕刻出精美的东西来。

后来，人们就把『锲而不舍』引申为成语。

模棱两可

【成语释义】

比喻遇事和处理问题时，含糊其辞，不表示明确的意见，或没有一定的主张。模棱：意见或言辞含糊，不肯定；两可：这样也可以，那样也可以。

【典故出处】

《旧唐书·苏味道传》。

【成语故事】

苏味道，唐代文学家，赵州栾城（今河北栾城）人。他文才很好，只有几岁就能写文章，少年时与同乡李峤以文辞齐名，并称为苏李，所作诗集已失散，今仅存十余首。

苏味道二十岁中进士，武则天当了皇帝，他官居相位。当时，由于封建统治阶级各政治派别之间争权夺利的斗争很激烈，他为了保住自己的地位和既得的利益，处理事情时总不拿出自己的主见，事事圆滑，模棱两可。他还常对人说：『处事不欲决断明白，若有错误，必贻咎谴，但摸（同模）棱以持两端可矣。』意思是：处理事情不要作明确的决断。因为如果有错误发生，就要负责任。所以只需含含糊糊就行了。因此，当时就有人给他送一个『苏模棱』的绰号，以此相讥。

其实，就是这个苏味道，在另一类事情中，并不模棱。在官场中他是依阿取容；在同农民打交道时，他却为改葬自己的父亲『侵毁乡人墓田』。相形之下，他那模棱的实质，不就看出来了吗？

根据这个故事，后来人们就引出『模棱两可』了。

精疲力尽

【成语释义】

比喻非常疲乏，一点力气也没有了。精：精神，精力。

【典故出处】

宋代李纲《病牛》诗。

【成语故事】

李纲是北宋末年、南宋初年的一位著名的政治家。字伯纪，邵武（今福建邵武）人。宋徽宗政和年间中进士，北宋末年任太常少卿；宋高宗在位期间曾任过七十天的宰相，后被排斥。他在任职期间，力主抗金，多次遭排斥被贬，仍然忧虑民族的兴亡，不计较个人的荣辱，把老百姓的痛苦记在心上，一再上疏南宋统治者陈说抗金大计，均未被采纳。但他从不灰心丧气，曾写下《病牛》一诗，把自己的抱负和心情抒发了出来。全诗共四句：

耕犁千亩实千箱，力尽精疲谁复伤？

但得众生皆得饱，不辞羸病卧残阳。

诗的大意是：老牛辛勤耕田上千亩，收获的粮食能装满千箱；累得精疲力尽，谁会怜悯同情呢？但是只要老百姓能吃饱饭，就是累病了也甘心情愿。

在此之前，唐代韩愈在《论淮西事宜》里也有这样的记载：『虽时侵略，小有所得，力尽筋疲，不偿其赏。』

根据这些记载，后来人们便引出了『精疲力尽』或『力尽精疲』。

精卫填海

【成语释义】

比喻决心大，不畏艰难险阻，不达目的，决不罢休。

【典故出处】

《山海经·北山经》；也见近代诗人黄遵宪《赠梁任父同年》。

【成语故事】

黄遵宪曾历任清政府驻日、英、美等国的外交官，目睹各帝国主义国家意欲瓜分中国的强盗行为很愤慨，对清王朝丧权辱国的行径进行谴责。后来他积极参加维新变法的政治改良运动。公元1899年，黄遵宪在上海宣传维新思想，主办《时务报》，邀请梁启超做主笔。这首诗就是写来赠梁启超（任父，梁启超的号）的。

全诗共四句：

寸寸山河寸寸金，侉离分裂力谁任？

杜鹃再拜忧天泪，精卫无穷填海心。

侉（kuǎ）离：这里指瓜分；杜鹃：传说为古代蜀帝杜宇的灵魂所化，鸣声凄苦；忧天泪：对国家的危亡忧虑得流下眼泪；精卫：古代神话中的鸟名，也称『冤禽』。相传，上古时代炎帝的女儿女娃，因到东海游玩被淹死，灵魂化为精卫鸟，经常衔西山的木头与石块投入东海，想把东海填平。

诗的大意是：祖国的每一寸土地，都像黄金那样珍贵，国家现在面临被瓜分的苦难，谁来担当起拯救的责任？我们这些忠诚于祖国的人们啊，像杜鹃啼血那样日夜在忧虑中流着热泪，就要有精卫填海般的意志，去当此大任，不达目的，不罢休！

蝇营狗苟

【成语释义】

形容没有廉耻的卑污人物。

【典故出处】

《诗经·小雅·青蝇》和唐代韩愈《送穷文》。

【成语故事】

《诗经·青蝇》一诗共三节，每节都以『营营青蝇』起句。第一节四句是：

营营青蝇，止于樊。

岂弟君子，无信谗言。

营营，形容往来频繁之状；青蝇，是蝇类中最惹人厌恶的绿头苍蝇；樊：义同『藩』，即篱笆；岂弟：同『恺悌』，性格快活平易。这四句的大意是：绿头苍蝇真讨厌，停在篱笆上面。和善明理的正派人，决不听信挑拨离间。

这首诗本是讽刺昏君和谗臣的，诗人把拨弄是非、颠倒黑白的小人比作青蝇。形容贪贿舞弊、争逐微利的卑劣人物，称为『蝇营』，说他们好比营营往来的青蝇一般，讨厌之至。

唐代文学家韩愈在他的《送穷文》中说：『蝇营狗苟，驱去复还。』他在『蝇营』之后添了『狗苟』二字，此成语就此流传。

摧眉折腰

【成语释义】

形容趋炎附势，竭力奉承，小心侍候的样子。摧（cuī）眉：低着眉头；折腰：弯着腰身。

【典故出处】

唐代李白《梦游天姥吟留别》诗。

【成语故事】

唐玄宗天宝元年（742年），李白因友人吴筠等的推荐，被召入京。唐玄宗给了他一个供奉翰林的闲职。在将近三年的长安生活中，他目睹朝政的黑暗，再加之宦官高力士，驸马张垍（jì）和杨贵妃等人的谗毁，自己『辅弼天下』的愿望无法实现，便愤然辞官离京，又开始了以东鲁和梁园为中心的漫游生活。大约在天宝四年前后，李白准备由东鲁（今山东一带地方）南游吴越时，为了向友人倾诉自己抑郁的心情，以及追求光明、摆脱困境的愿望而写了这首留别诗。这首诗突破了一般留别诗『有别必怨』的老调，在构思和表现手法上都体现了浪漫主义的特点，是李白的代表作之一。

全诗四十多句，分为三部分。第一部分写诗人入梦的缘由，即对吴越名山天姥（mǔ，在今浙江新昌县东，天台县西北）的憧憬；第二部分写梦游天姥山的经过；第三部分写梦醒以后的感慨，向友人表明为什么要南下吴越，去天姥山游历。这些感慨，集中揭示了全诗的中心思想，主要是：对世事的看法，如梦幻，如流水；自己今后的打算，骑白鹿访名山，远离浊世；傲岸坚强，绝不向权贵们屈服。诗的最后五句是：

别君去兮何时还？且放白鹿青崖间，

须行即骑访名山。

安能摧眉折腰事权贵，使我不得开心颜。

君：指东鲁的友人；去：离开，指南游吴越；且：将要；白鹿：仙人的坐骑；事：用作动词，侍候。

这几句诗的大意是：同诸君分别南游后不知哪一天才能返回，我暂且把白鹿放养在青山上，欲远行时就骑它去访问名山。我怎么能卑躬屈膝地去侍候权贵，而使自己不能开颜欢笑、心情舒畅呢！

后来，人们把『摧眉折腰』引申为成语。

摧枯拉朽

【成语释义】

比喻对敌人或事物很容易被摧毁。

【典故出处】

《汉书·异姓诸侯王表》：『镌金石者难为功，摧枯拉朽者易为力。』意思是：雕刻金石难以见到功效，摧折腐木枯枝很容易就显出力量来。

【成语故事】

《晋书·甘卓传》载有这样一个故事：公元322年（晋元帝永昌元年），江州刺史王敦起兵反对朝廷。事先王敦曾派人与安南将军、梁州刺史甘卓联络，要他一同举兵东下。甘卓当面答应了。可是，临到出发那天，甘卓自己没来，却派了一位参军孙双来到武昌，劝谏王敦不要起兵反叛。王敦解释说：我这次举兵只是为了驱除皇帝左右的坏人，事情成功后，我当封甘侯作公。孙双回来报告了甘卓，甘卓一时拿不定主意。这时，湘州刺史司马承却派他的主簿邓骞来到襄阳，劝甘卓同他一道起兵，讨伐王敦。甘卓仍然下不了决心。他的另一位参军李梁便给他分析了当前的形势，劝他灵活应变：如果王敦胜利了，他自会推崇甘卓，委以重任；如果王敦不能取胜，朝廷就会重用甘卓，起兵平叛。这样，静观一段时间，待机而行。邓骞驳斥李梁，说他脚踏两只船，必然会惹祸遭殃。邓骞说，王敦的兵马不过万余，而甘卓的军队却超过王敦的一倍。『将军之举武昌，若摧枯拉朽，何所顾虑乎！』意思是：甘将军如果发兵讨伐王敦，那就像摧折枯枝朽木那样容易，你还顾虑什么呢？

箪食壶浆

【成语释义】

形容军队受到人民群众的热烈欢迎与接待。箪（dān）：古代盛饭的圆形竹器；浆：饮料，开水。

【典故出处】

《孟子·梁惠王下》。

【成语故事】

《孟子》一书，共有七篇（各篇又分上、下），由孟轲及他的一些学生编写。

孟轲一生中，曾多次到齐国与齐宣王探求治国之道。有一次，齐国趁燕国国内众大臣相互攻伐，给老百姓带来深重灾难之机，派兵攻打燕国，在燕国百姓支持下，只用了五十天就取得了胜利。齐宣王想就此完全占领燕国，就去问孟子这样做行不行。齐宣王说：『有人不同意我占领燕国。一个拥有一万辆兵车的大国，去攻打另一个也有一万辆兵车的大国，在五十天之内，就取得决定性的胜利，怕光靠人的力量是办不到的吧，这怕是天意啊！如果我违背天意，不去占领燕国，老天一定会降下灾祸惩罚我。我准备占领燕国，你看怎么样？』

孟子回答说：『取之而燕民悦，则取之。古之人有行之者，武王是也。取之而燕民不悦，则勿取。古之人有行之者，文王是也。以万乘之国伐万乘之国，箪食壶浆以迎王师，岂有他哉？避水火也。如水益深，如火益热，亦运而已矣。』

取：占领；勿：不要；万乘：一万辆兵车，代指大国；武王：周武王姬发，据说他起兵讨伐殷纣，商朝人民很拥护；文王：周文王，武王之父，商朝末年，他没忙于伐纣，原因是民心没有完全的归顺；运：行，逃走，离开。

这段话的意思是：如果您占领燕国后，燕国人民拥护您，那就可以占领。古时候的周武王，就是这样做的。如果燕国人民反对占领，那就不能占领。古时候的周文王，遇见了这种情况，就是采取了这种态度。一个大国齐国，去攻打另一个大国燕国，而燕国人民能以箪端着吃的，用壶盛着喝的，来迎接齐国的军队，这难道有什么别的原因吗？他们是为了躲避如水火一般的灾难啊！如果您占领了燕国，使水更深，使火更烈，让燕国人民更加痛苦，那他们只好离开您，纵然能占领一时，也不能持久。

根据这个故事，『箪食壶浆』被引申为成语。

蜻蜓点水

【成语释义】

多比喻办事肤浅不深入。

【典故出处】

唐代杜甫《曲江二首》其二。

【成语故事】

这首诗大约写于安史之乱后期，唐肃宗李亨在位之时。共八句：

朝回日日典春衣，每日江头尽醉归。

酒债寻常行处有，人生七十古来稀。

穿花蛱蝶深深见，点水蜻蜓款款飞。

传语风光共流转，暂时相赏莫相违。

这首诗的前四句是写作者典衣沽酒的情形，后四句写观赏优美景物时的感想，反映了一种郁闷忧愤的心情。蛱蝶：蝶类总名，这里指蝴蝶；深深见（xiàn）：时隐时现；款款：缓缓地。『穿花蛱蝶深深见，点水蜻蜓款款飞』这两句诗的大意是：蝴蝶时隐时现地穿过花丛，点水的蜻蜓缓缓地飞着。

后来，『点水蜻蜓款款飞』被简化引申为『蜻蜓点水』。

竭泽而渔

【成语释义】

比喻只顾眼前利益，缺乏长远打算。竭泽：把池水放干；渔：捉鱼。

【典故出处】

《吕氏春秋·义赏》。

【成语故事】

公元前632年，晋国为了援助宋国，和楚国在城濮（今山东鄄城西南）打了一仗。当时，论实力楚国占明显的优势。晋文公见楚军来势汹汹，就问计于他的舅舅大臣狐偃说：『楚兵多，我兵少，这一仗该怎样打才能取胜呢？』狐偃回答说：『我听说善于打仗的人，不厌欺诈。你就用欺诈的办法对付楚军好了。』

晋文公又去征求另一个大臣雍季的意见，并告诉他狐偃的话。雍季不大赞成这样做，就打了个比喻说：『竭泽而渔，岂不获得？而明年无鱼？焚薮而田，岂不获得？而明年无兽。诈伪之道，虽今偷可，后将无复，非长术也。』意思是：把池塘里的水弄干了才捉鱼，那还有捉不到的？但到明年就没鱼可捉了。把山上的树林烧光了再去打猎，那还有打不到的？但到明年就将会没有野兽可打了。欺诈的办法虽然可以偶尔用一下，但以后就不能再用，这不是长远之计啊！

当时也想不出更好的制胜楚军的办法，在这种情况下，晋文公还是采用了狐偃的计谋，假借遵守自己流亡时向楚庄王许下的『退避三舍』的诺言之名，连续三次后撤，以避其锋芒，为自己选择了有利的时机和歼敌的地形。而楚军呢？见晋军一退再退，误以为晋文公胆怯，不敢与之交战，就紧逼不舍，结果被晋军打得七零八落，溃不成军。这场历史上有名的城濮之战，终以楚国的失败，其领兵大将成得臣被迫自杀而告结束。

根据这个故事，后来人们引出了『竭泽而渔』。

十五画及以上

摩肩接踵

【成语释义】

形容人很多，很拥挤。踵（zhǒng）：脚后跟。

【典故出处】

《晏子春秋·内篇杂下》。

【成语故事】

晏子做了齐国的相国。他身材矮小，不满六尺。当时一些诸侯国的国君，总想借机侮辱他。

有一次，晏子作为齐国的全权代表，来到了楚国。楚国就让人事先在城门边上挖了一个小洞，让晏子就从这个洞进城。晏子看了看周围等着看笑话的人群，故作惊讶地问道：『哎呀，难道我今天来到狗国了吗？怎么要从狗洞门进去呢？』接待他的楚国官员讨了一脸没趣，只好引他从大门进了城。

晏子刚一走进楚国的宫殿，站在高高的台阶上的楚王，斜着眼瞟了晏子一眼，装模作样地问道：『齐国难道就没有人了吗？为什么让你当了外交官呢？』晏子接过话题，理直气壮地驳斥道：『齐之临淄三百闾，张袂成荫，挥汗成雨，比肩继踵而在。何为无人？』意思是：光我们齐国的都城临淄就有成百条街道，七八千户人家，人们张开衣袖就能遮太阳，挥把汗水就像下雨一样，街上的行人肩擦肩，脚碰脚，怎么说没有人呢？

楚王把脸一沉，又轻蔑地追问一句：『既然齐国人多，为什么就派不出比你更强的人呢？』晏子笑嘻嘻地回答说：『大王，您不知道，我们齐国在委派外交使者出国时，有这么一条规矩：贤明的使臣就派他到贤明的国君那里去，无能的人就去见无能的国王。我晏婴是齐国最无能的一个，所以就被派来见大王您了。』

楚王本想算计晏子，没想到却碰了颗硬钉子。一时间张口结舌，无言以对。

后来人们就把『比肩继踵而在』引申成『摩肩接踵』。

熟能生巧

【成语释义】

指任何事情只要肯下功夫经常做下去，熟练之后，就能找到窍门。

【典故出处】

欧阳修著的《归田录》。

【成语故事】

北宋的时候，有一个叫陈尧咨（zī）的人，是乡里有名的射箭能手。他射箭百发百中，深受大家的敬佩。在一片赞扬声中，陈尧咨有些飘飘然了，自以为了不起，好似无人能同他匹敌了。

有一天，他正在演练场上做射箭表演，一箭射出，一根很细的柳树枝子应声折断，喝彩声响成一片。陈尧咨正得意，不料有个卖油的老头子却不以为然，说：『这有什么稀奇的，不过手法熟练些罢了。』陈尧咨一听非常生气，就厉声喝道：『你这老头子有什么了不起的本事，竟敢轻视我？』这位卖油的老翁既不急也不气，耐心解释说：『我不是看不起你的箭法，而是你手法熟练同我多年卖油生涯中得出的道理一样。』说罢，老翁从担头上取下一只油葫芦，把一枚铜钱盖在葫芦口上，又拿起勺子舀了一勺油，然后高高地举起，就往葫芦里倒，只见那油就像一条线穿钱眼而过，勺里的油倒完了，铜钱上却没有沾上一点油星，大家看了赞叹不已，老翁却笑着对陈尧咨说：『我亦无他，唯手熟耳。』意思是：我也没有什么了不起的地方，只不过是干得多了，手法熟练就是了。

后来人们就把老翁这句话，概括成『熟能生巧』。

擒贼先擒王

【成语释义】

比喻要先抓住或处治主要人物；也比喻做事要抓关键。

【典故出处】

唐代杜甫《前出塞》诗之六。

【成语故事】

唐代爱国诗人杜甫，一生中总是不忘把自己同祖国的安危紧紧地联系在一起。因而他的诗篇广泛地反映了唐王朝当时社会的急剧变化。在安禄山叛乱前的天宝年间，有一年，西北边境的少数民族入侵，唐王朝起兵出征。战事虽然发生在边关，然而却牵动着远在千里之外的杜甫的心，他接连写下了一组诗共九首，称《前出塞》。其中第六首全诗共八句：

挽弓当挽强，用箭当用长。
射人先射马，擒贼先擒王。
杀人亦有限，立国自有疆。
苟能制侵陵，岂在多杀伤。

诗的大意是：出征的战士啊！弓要选用力量大的强弓，箭要选用锋利的长箭。要消灭敌人的骑兵先要消灭胯下的战马，要打败敌军先要擒住敌方的首领。杀人是有限度的，以守住国家的疆界为目的。只要能制止侵略，不在于好战厮杀。

后来，人们便把『擒贼先擒王』一句，引申为成语。

箭在弦上

【成语释义】

比喻事情到了不可不做的时候。

【典故出处】

《太平御览·卷五百九十七》。

【成语故事】

东汉末，文学家陈琳，曾在北方大军阀袁绍手下当过一段掌管文书的官吏。当时，袁绍的势力很强大，并有独霸天下的野心，因而就对占据以兖州（今山东西南部、河南东部）为中心的大块地区的曹操很不放心，决定先要把他拔除掉。为了师出有名，袁绍就让陈琳起草一篇声讨曹操的檄文。文章很快就写好了，名为《为袁绍檄豫州》。文中历数了曹操的罪状，把曹操骂得一无是处，连曹操的祖宗三代也被奚落了一番，号召各州兵马起来反对曹操。据说，当这篇檄文送到曹操手里的时候，曹操正患头痛病躺在床上，他一面看，一面称赞文章写得好。文章看完以后，他便从床上起来了，还高兴地说：『文章写得好，看完之后我的头都不痛了。』

不久，袁、曹经过反复交兵后，曹操打败了袁绍。曹操由于爱慕陈琳的才华，不计旧账而让陈琳当了自己的负责起草重要文书的主簿。此后，有一次曹操问陈琳说：『当初你替袁绍写檄文，要骂，骂我就是了，为什么还要骂到我的祖父和父亲的头上呢？』陈琳有点难为情，抱歉地回答说：『矢在弦上，不得不发。』意思是：当初写檄文是袁绍让我写的，这就好比搭在弦上的箭，不得不放一样，也是没有办法的事啊！听过陈琳的解释，曹操放声大笑了起来。从此这件事再也没有被提起过。

后来，人们便根据这个故事引出了『箭在弦上』或『箭在弦上，不得不发』。

暴虎冯河

【成语释义】

比喻有勇无谋，冒险行事。暴虎：空手搏虎；冯（píng）河：徒步过河。

【典故出处】

《诗经·小雅·小旻》。

【成语故事】

西周末期，周幽王即位以后，生活腐朽、荒淫，打击贤才，重用坏人，把国家弄得濒临危亡。面对这种情况，统治阶级内部有些稍有点政治远见的人，也感到既痛心又恐惧。当时，有一位贵族便把自己的这种心情，用诗歌倾吐了出来，写成了《小旻》这首诗。全诗六章共四十八句。第一、二章写周幽王任用坏人，实行错误的政策和策略，政权眼看就要崩溃了；第三章写朝廷当权者腐败无能，无益于治好国家；第四章写朝廷背弃先王，只会听信浅薄的主张，很难成事兴业；第五章点出天下并不缺能治理国家的贤明人才，但周幽王不任用他们；第六章借自然事物，指出国家危亡在旦夕，心里十分恐惧。

这首诗的第六章是：

不敢暴虎，不敢冯河。人知其一，莫知其他。

战战兢兢，如临深渊，如履薄冰。

人：人们；其一：指暴虎、冯河；其他：借指国事危亡；战战：颤抖；兢兢：小心翼翼的样子；履：走。

这章诗的大意是：人们只知道赤手空拳去搏虎、徒步过河是危险的事，但是却不知道国家已经危在旦夕了。面对这样的现实，我常常想起来就怕得发抖，就像走到了万丈深渊的边沿，就像在薄薄的冰层上行走一样啊！

后来，人们把『不敢暴虎，不敢冯河』简化为『暴虎冯河』。

醉翁之意不在酒

【成语释义】

比喻本意不在此而在于另外的方面；有时也用来比喻别有用心，或贪得无厌。

【典故出处】

宋代欧阳修《欧阳文忠集·醉翁亭记》。

【成语故事】

《醉翁亭记》是最能代表北宋杰出的散文大师欧阳修（号醉翁）独特艺术风格和严谨治学作风的佳作。文章里有叙事，有写景，有抒情，但全文只有四百余字，写得很精彩。相传，欧阳修在写这篇散文的时候，文章一开头描写处在群山环抱之中的滁州（今安徽滁县）的自然景色，初稿里写了几十个字，等到最后定稿，只留下『环滁（chú）皆山也』这一句，就把这个州的景象精练地表达出来了。文中将醉翁亭周围朝暮和四季的不同景色一一描绘了出来，更是一句话就是一幅画面：『日出而林霏（fēi）开』，写的是明朗的清晨；『云归而岩穴暝（míng）』，写的是幽静的黄昏；『野芳发而幽香』，写的是百花争妍的春天；『佳木秀而繁阴』，写的是草木繁茂的盛夏；『风霜高洁』，写的是天高气爽的秋季；『水落而石出』，写的是宁静肃穆的冬日。如果作者没有高度的语言艺术修养，是写不出来的；同样，如果没有反复推敲、严谨的治学作风，也是写不到这样精美的。

这篇散文除了描写滁州和醉翁亭景色的优美之外，还写了欧阳修在醉翁亭宴饮时的情景，文中第一段里就写了：『太守与客来饮于此，饮少辄醉，而年又最高，故自号曰醉翁也。醉翁之意不在酒，在乎山水之间也。山水之乐，得之心而寓之酒也。』

醉翁亭，在滁县西南十里处的琅琊山山间。修建这亭子的是当时山上的和尚智仙，给这个亭子命名的是欧阳修。太守：官名，这里指欧阳修；辄（zhé）：就。

这段话的意思是：太守同客人来这里饮酒，他稍饮一点就醉了，而且他的年龄又最大，所以自称『醉翁』。醉翁喝酒可意趣并不在酒上，而在山水间的风景。欣赏山水的乐趣，得之于心寄托在酒上。

后来，人们把『醉翁之意不在酒』引申为成语。

嬉笑怒骂

【成语释义】

指对人嘲讽责骂的言辞。嬉：游戏；嬉笑：嘲讽；怒骂：怒斥。

【典故出处】

宋代黄庭坚《东坡先生真赞》。

【成语故事】

黄庭坚在《东坡先生真赞》一文中，称赞苏轼善于写诗著文，有这样几句话：『东坡之酒，赤壁之笛，嬉笑怒骂，皆成文章。』

赤壁之笛，出自苏轼《李委吹笛序》。那是宋神宗元丰五年（公元1082年），苏东坡在黄冈赤壁过生日，饮酒兴浓之时，忽然江上传来悠扬的笛声，派人一问，才知是进士李委为他祝寿，便成此文。

这几句话的意思是：苏东坡善于写诗文，不论是写饮酒、记听笛，还是说几句嘲讽责骂的话，记录下来就是绝妙的文章。

后来，『嬉笑怒骂』被引申为成语。

避实就虚

【成语释义】

多指军事上避开敌人的坚实之处，攻击其空虚薄弱的地方；有时也用来避开实质性的问题，尽说空话。实：坚实，强大；就：接近，走向；虚：空虚，薄弱。

【典故出处】

《孙子·虚实》。

【成语故事】

在《虚实》篇中，孙武运用流水的变化，金、木、水、火、土五种物质互生互克的原理；四季的交替、月亮的圆缺等自然现象，来说明要根据敌情变化，避实就虚地去夺取胜利。孙子说：『夫兵形象水，水之形避高而趋下，兵之形避实而击虚，水因地而制流，兵因敌而制胜。』兵形：作战方法和方式。意思是：作战的方式、方法，有点像水的流动，水流动的规律是避开高处而向低处流，作战的规律则应避开敌人坚实之处而攻击敌人薄弱的地方。地形的不同制约着水的流向，作战则要根据敌情去决定夺取胜利的方针。

据《史记》记载，公元前623年晋楚城濮（今山东鄄城西南）之战，晋文公就采用了避实击虚的作战方法，把楚军打得大败。战斗一开始，晋军就避免与楚军的中军主力决战，而先令其下军向楚军右军进攻。楚右军是由陈、蔡两国的军队组成的，战斗力弱，一打就溃败了。接着，晋军主将狐毛又用计诱歼了楚左军，以至楚军遭到大败。

孺子可教

【成语释义】

多用于长辈或年长的人赞扬青少年有培养前途。孺子：儿童，后生，年轻人。

【典故出处】

《史记·留侯世家》。

【成语故事】

张良，字子房，是汉朝的开国功臣，被刘邦封为留侯。他的祖先，是战国时的韩国的贵族。韩国被秦国灭掉后，张良曾变卖家产雇佣刺客，于公元前218年在博浪沙（今河南原阳县内）刺杀秦始皇，以图为国报仇。

谋刺失败后，秦始皇大怒，下令在全国大举搜索凶手。于是张良就改了姓名，避难于下邳（今江苏睢宁县西北）。

张良闲居下邳，有一天，他走到下邳桥上，停伫桥头，四处眺望。这时，有一个老人，穿着粗布破衣，向他走来，老人故意把鞋扔到桥下，对张良说：『小伙子，下去把我的鞋取回来！』张良很气恼，但他勉强压住火气，下了桥，给老人把鞋拾了上来。

老人把腿一伸，又说：『给我穿上！』张良心想，既然已经给他拾了鞋，穿就穿吧。于是张良便跪下替老人穿好鞋。

穿好鞋，老人点点头，笑眯眯地走了。张良很惊奇，呆呆地望着老人远去的背影。老人走了一段路，又突然返了回来，对张良说：『孺子可教矣。后五日平明（天刚亮），与我会此。』意思是：这个年轻人可以教育了！从今天起，往后数第五天清晨，我在这里再和你会面。

一天两天、三天四天过去了。第五天，天刚放亮，张良就来到桥上。这时，那位老人早已等在那里了，很生气地责备张良，说他来得太晚了，又让过五天再来。第二次，张良等鸡一叫，就来到桥上，可老人又先到了，老人更加生气，让他过五天再早一点来。

又过了五天，张良在不到半夜的时候，就来到桥上。等了一会儿，老人来了，高兴地说：『年轻人，应该这样嘛！』说着，就拿出一本书，交给张良，嘱咐道：『读了这部书，对你很有用处，就可以做帝王之师了。』

张良拿回家一看，老人留给他的书，原来是《太公兵法》。张良十分珍爱这部书，从此就孜孜不倦地认真阅读，反复钻研，终于成为汉高祖刘邦的主要谋臣。

后人根据这个故事，就引出了『孺子可教』。

螳臂当车

【成语释义】

比喻做事情不量力而行，就会遭到失败。

【典故出处】

《庄子·人间世》。

【成语故事】

鲁国的颜阖（hé）应卫国的国君卫灵公的聘请，要去卫国做太子的老师了。颜阖知道太子蒯聩（kuì）很难教育，就去向卫国很有名望的大夫蘧（qú）伯玉请教，说：『现在我要去教一个人，他性格粗野、任性，而且还专会找别人的毛病，看不到自己的过失。对这样人，你看应当怎么办才好啊？』

蘧伯玉就嘱咐他说：『做这样的人的老师，更要特别小心，既不能放纵他，又要随机应变，不要自以为是地轻易触犯他。这样，自己才不至于陷入危险的境地。』在谈话中，蘧伯玉还给颜阖讲了一个故事，他说：『汝不知夫螳螂乎？怒其臂以当车辙，不知其不胜任也，是其才之美者也。』意思是：你看见过螳螂这种小虫子吗？它看见前面来了车子，还怒气冲冲地举起一只前肢来，摆出要阻挡车轮前进的架势，它根本没有想到自己没有这样大的力量嘛，结果被车轮子辗得粉碎。

『小心啊！』蘧伯玉告诫颜阖说：『要是你不自量力，随便去触犯他，那就会落得跟这只螳螂差不多的命运。』

根据这个故事，后来人们引出了『螳臂当车』。

螳螂捕蝉

【成语释义】

形容只看眼前有利可图，不知祸害就在后面。

【典故出处】

《吴越春秋》。

【成语故事】

春秋时候，吴王要出兵攻打楚国。他已经下定了决心，对大臣们说：『谁要是劝阻我，我就处死谁。』

大臣们都认为在当时的情况下吴国出兵有害无利，但又不敢再去劝阻了。这时，吴王身旁有个伺候他的青年，也想劝吴王不要出兵，可又不敢直说。他就想了个计谋：早晨，他拿着弹弓和泥丸，在花园里走来走去，露水湿透了他的衣服，也毫不在乎。直到第三天早上，吴王偶尔向窗外一望，看见他在花园里徘徊，就唤他过来，问道：『你大清早就在花园里干什么？你看，露水把你的衣服都打湿了。』

那青年把手里的弹弓扬了一扬，神秘地说：『大王，别作声。你看树上有一只蝉，它一面吸着露水，一边高歌鸣唱，自以为很得意，很安全。可是它不知道有一只螳螂躲在它身背后，想捉它呢！』吴王听了觉得很好笑，说：『螳螂捉知了，这有什么稀罕呢？』

那青年仍很认真地说：『大王，你看，那螳螂悄悄地绕过树枝，正要向蝉扑去，自以为利之所在，势在必得。但它还不知道有一只黄雀正躲在它的身背后，伸长脖子正要去啄螳螂和蝉呢。』吴王伸着脖子往外看，可什么也没有见着，就说：『那又会怎么样呢？』那青年把泥丸搭在弹弓上，说：『黄雀只想着螳螂和蝉的美味，却不知道我的弹丸已经瞄准了它。这三种东西，都只看眼前的利益，而不顾后面的祸害，确实让我感到悲哀啊。』吴王听了，猛然省悟，连声说：『对！对！』决定取消出兵攻打楚国的主意。

鹬蚌相争

【成语释义】

比喻内部不和，就会让第三者讨便宜。鹬（yù）：鸟名。

【典故出处】

《战国策·燕策二》。

【成语故事】

战国时候，秦、齐、楚、燕、韩、赵、魏七个比较大的诸侯国，长期对峙，相互争夺霸权的战争连年不断。有一年，赵国又要出兵去攻打燕国，燕王约请苏秦的弟弟苏代去说服赵王不要攻燕。苏代见到赵王，巧妙地先不提出兵的事，而是编了一个故事，讲给赵王听。他说：

今天我到这里来，渡过易水的时候，看见有一只大河蚌慢慢地爬上河滩，张开两扇甲壳惬意地晒着太阳。这时候，有一只鹬鸟飞来了，它伸出尖嘴猛地去啄河蚌的肉，河蚌把甲壳合拢，像铁钳一般，紧紧地箝住了鹬鸟的尖嘴巴。鹬鸟就威胁河蚌说：『你要再不放开，今天不下雨，明天也不下雨，你就要晒死在这河滩上！』河蚌也不示弱，回敬它说：『你别吓唬我，你要是今天不把嘴拔出来，明天也不拔出来，你就要饿死。』两者相持不下，谁也不肯相让，结果有一个渔翁走来了，伸过手来，毫不费力地就把它们拾进鱼篓里。

讲完了故事，苏代才劝赵王说：『如果燕赵两国相互攻伐，战争打起来一下子是难以决出胜负的。那时候，强大的秦国就会像渔人一样乘机获利的。』

赵王听后，接受了苏代的劝告，立即停止出兵燕国。

根据这个故事，人们就引申出了『鹬蚌相争』。

豁然开朗

【成语释义】

用来形容原来不明白的道理或事情，经过学习或他人帮助、指点，顿然领悟。豁然：开阔的样子；开朗：宽阔，明亮。

【典故出处】

东晋陶渊明《桃花源记》。

【成语故事】

《桃花源记》是陶渊明晚年所写的《桃花源诗》前面的小记，即序言。这篇序言，是作者借助当时民间传说，虚构了一些情节，描绘了一个没有君王、没有阶级压迫、没有剥削，人人都过着安宁、和睦生活的理想社会。当然这虽是一个空想的社会，但它却表现了作者对当时黑暗腐朽社会的不满和深刻的批判。

文章写了一个渔夫，一天他沿着溪水行船，忽然发现一片桃花林，桃花开得正旺。他感到很奇怪，便继续往前划船，想划到桃林的尽头。

于是，文章写道：

林尽水源，便得一山。山有小口，仿佛若有光。便舍船，从口入。初极狭，才通人。复行数十步，豁然开朗。

这段话的意思是，这位渔夫划船到了桃林的尽头，也是溪水的源头。那里有一座山，山下有一个小洞口，仿佛有些光亮。渔夫便把船放下，从洞口走进去。刚进去，非常狭窄，只能容一人通行。再向前走了几十步，就一下开阔敞亮了。

后来，『豁然开朗』被引申为成语。

罄竹难书

【成语释义】

比喻罪恶太多，书不完说不尽。罄（qìng）：用尽；竹：古时写字没有纸，把字写在竹片上；书：写。

【典故出处】

《旧唐书·李密传》。

【成语故事】

隋朝末年，隋炀帝杨广荒淫奢侈、暴虐凶残，各地不断爆发了反隋的农民起义。公元613年，京兆长安（今陕西西安）人李密，与杨玄感起兵反隋，失败后被捕，在押送途中逃脱。事过三年之后，公元616年，李密又投奔了瓦岗起义军，帮助这支农民起义军的首领翟让联合各小股起义军，使之迅速壮大到拥有几十万人的反隋大军。后来，李密被立为领袖，称魏公。李密为了进一步联合各方面的力量，将隋朝的统治彻底摧毁，在进军洛阳的时候，曾发布了一篇讨伐隋炀帝杨广的檄文。檄文列举了杨广祸国殃民的十大罪状之后，进而揭露说：『罄南山之竹，书罪无穷；决东海之波，流恶难尽。』意思是：用尽南山的竹子作竹简，也写不完杨广的罪恶；决开东海的水，也冲洗不掉他的罪行。

后来，人们便把『罄南山之竹，书罪无穷』简化引申为『罄竹难书』。